传统体育的传承与发展研究

黄 芸 著

中国纺织出版社有限公司

图书在版编目（CIP）数据

传统体育的传承与发展研究／黄芸著． -- 北京：
中国纺织出版社有限公司，2023.8

ISBN 978-7-5229-0918-9

Ⅰ.①传… Ⅱ.①黄… Ⅲ.①民族形式体育-中国-
体育教学-教学研究-高等学校 Ⅳ.①G852.9

中国国家版本馆 CIP 数据核字（2023）第 167218 号

责任编辑：茹怡珊　　　责任校对：高　涵　　　责任印制：储志伟

中国纺织出版社有限公司出版发行
地址：北京市朝阳区百子湾东里 A407 号楼　邮政编码：100124
销售电话：010—67004422　传真：010—87155801
http://www.c-textilep.com
中国纺织出版社天猫旗舰店
官方微博 http://weibo.com/2119887771
北京虎彩文化传播有限公司印刷　各地新华书店经销
2023 年 8 月第 1 版第 1 次印刷
开本：710×1000　1/16　印张：11.25
字数：175 千字　定价：98.00 元

凡购本书，如有缺页、倒页、脱页，由本社图书营销中心调换

前 言 | **Preface**

在数千年的发展历程中，传统体育逐步形成内容丰富、价值广泛、文化色彩浓厚的体育文化形态。然而，由于科技的迅速发展，全球化进程的加速以及体育市场化的冲击，在农耕文明背景下形成的传统体育很难与现代体育相抗衡。这就对传统体育的传承和发展提出了新的挑战，也对传统体育的创新发展提出了更高的要求。同时，在构建人类命运共同体的背景之下，保护和发扬优秀的民族体育文化，增加民族体育在世界文化海洋中的独特魅力，保证民族体育文化能够具备强大的竞争力与活力，是我们当代人的责任和使命。

我国传统体育文化是中国传统文化的瑰宝。在我国社会剧烈转型、多元文化相继侵入、现代性转化加速的当下，传统体育受到现代文明的猛烈冲击，传承和发展进程正面临着改变。我国民族传统体育文化的传承力、凝聚力以及吸引力呈现缓慢下降的趋势，推进我国民族传统体育文化的保护、传承和发展是我们的使命。增加我国传统体育文化的传播，为我国传统体育的传承和发展助力，有助于提高我国的文化软实力。本书即针对传统体育的传承与发展进行一定的探究，对传统体育的内涵、项目、传承与发展策略以及传统体育文化传承与发展的案例进行阐述与分析。

本书共六章，第一章简要概述了传统体育的概念、起源与发展、特点与性质；第二章简要概述了传统体育的物质文化内涵、精神文化内涵以及制度文化内涵；第三章简要概述了传统体育项目的形成及分布、分类及主要项目介绍；第四章简要概述了传统体育文化传承体系的构建研究、传承方式与途径、继承与融合；第五章简要概述了传统体育文化未来发展的体系构建研究、现实发展路径及国际交流与传播；第六章简要概述了我国武术文化和龙狮文化的传承与发展。

总的来看，本书结构严谨，内容丰富，语言通俗易懂，集学术性、科学性与实用性于一体，对我国传统体育文化的传承与发展具有一定的理论指导意义。

本书的撰写，借鉴了前人和当代学者的研究成果，在此对他们表示诚挚的谢意。由于时间仓促，笔者水平有限，不妥之处在所难免，敬请专家、读者指正。

作　者
2023 年 6 月

目 录 | Contents

第一章　传统体育概述

中国当代体育事业的发展离不开多姿多彩、内容繁多、普遍开展的传统体育参与。当前，传统体育发展状况不容乐观，我们需要对中国传统体育进行系统的学习研究和发掘归置，这样从局部来说可以有效照顾到广大人民的健康状况，从全局来看对传统文化的弘扬传播有百利而无一害，更能加强民族自豪感和民族凝聚力，同时中国传统体育的影响力也会伴随人们的研究了解越发壮大，进而影响全人类。

第一节　传统体育的概念

一、传统体育的内涵

20 世纪关于"传统体育"的研究有两次高潮，一是 20 世纪 30 年代新文化运动时期，关于"土洋体育"有热烈的争论，但是并未有"中国传统体育"概念的出现，而是将武术等称为"国术""国粹"；第二次高潮是在 20 世纪 80 年代"文化热"中，体育文化作为人类文化现象之一，也在研讨范围之内，这时"中国传统体育"的概念已经出现。

综观学者们的研究著述可以发现，研究者较少对"中国传统体育"进行界定，而使用频率较高的是"中华民族传统体育"这一概念。

中华民族传统体育是相对"起源于希腊发展成熟于西方文化氛围中"的现代体育而言的，包括汉民族在内的中国各民族在本民族居住地区内共同创造、形成、继承和延续的带有浓郁的民族文化色彩和特征的传统体育活动。根据历史文化内涵和发展民族特性的不同，其内容可分为传统体育和民族体育两部分。

中华民族传统文化是汉民族和少数民族共同形成的，但是，影响广泛的体现在中华民族传统文化内涵的体育项目（如武术、气功、龙舟、围棋）和仅在一个或几个少数民族中开展的体育项目（如哈萨克族的"姑娘追"、苗族的"跳芦笙"、纳西族的"东巴跳"等），无论在历史渊源、内涵、现状还是在发展趋势上，都有很大的区别。以前的研究者笼统地使用"中华民族传统体育"这一概念，但在研究中也各有侧重。因此，从文化学上说，中国传统体育是一种主流体育的概念。首先，传统体育是参与人数多，跨越地域广，社会影响大且持续时间较长的项目；其次，传统体育能够体现传统文化特征。而属于少数民族体育的部分，在《中国民族体育导论》一书中有详尽的论述，这本书就不再论述。

明确了传统体育是与中国传统文化密切相关的体育活动之后，还有一个较有争议的问题，即已经消失的古代体育是否是我们所说的传统体育。在这个问题上，学者也有不同的看法，如于学岭在《中华民族传统体育走向世界的思考》中认为："民族传统体育是相对于外族传入的、现代新兴的运动项目而言的，它也不是已失传了的古代体育活动。"还有学者认为，由于传统体育具有特殊性，即一些失传的项目经过挖掘和整理也能够焕发出新的生命力，因此一些如今不再开展的项目也应该在传统体育研究中加以重视。本书采用了后一种观点，其目的是更好地发掘传统体育，弘扬民族精神。

明确了"传统体育"就是那些与中华民族传统文化密切相关的主流体育之后，再来明确一下什么是传统文化？什么是中华民族传统文化？

传统文化大多是以民族的形式发展起来的。民族在其产生、发展过程中所形成的民族语言、民族性格、民族的精神面貌、风俗习惯、传统与道德、生活方式以及社会关系等，构成传统文化的特征，例如中国文化即指中华民族的传统文化，它对传统体育的产生及其发展有着巨大影响。

传统是由复杂的历史演变构成的，是一定区域和一定社会群体中的人们在实践的历史过程中生成、积累和固化的因素与特征的组合体，含有一定的价值观念。各社会生活共同体中的语言、精神、道德、艺术、心理，民族气质、经济、社会组织形式等方面的历史稳定性，构成了各种传统文化，表明了一种传统文化不同于另一种传统文化的独立性。各民族由于传统文化的影响，在体育活动方面各自独立发展，表现出较强的民族特性。这些特性表现为：

（1）共同语言。共同语言是人们在长期共同劳动和共同生活中逐步形成的，为一个民族的全体成员所了解和使用，具有较强的稳定性，在体育的继承、发展和交流中，发挥着极大的作用。

（2）共同地域。共同地域是一个民族长期共同生活并产生联系的空间条件。中国传统体育就是在中华民族长期共同生活的中华大地上形成的。

（3）共同经济生活。共同经济生活是民族其他特征的前提，也是传统体育各具特色的基本条件。

（4）表现于共同文化上的共同心理素质。它是一个民族的物质生活条件、历史发展、地理环境的特点在精神面貌上的反映，也可以称为民族性格或共同心理状态。它具体表现在民族的生活习俗和活动中。如中国传统体育中的赛龙舟、踢键子、舞狮耍龙；韩国的跆拳道；日本的大相扑；泰国的泰拳等，都充分反映出传统文化给体育带来的民族性。

在这里我们需要强调的是，虽然汉文化是中国传统文化主体，但中国传统文化并不等同于汉文化，还包含着多种多样、绚烂多彩的少数民族文化。

总而言之，传统体育区别于现代体育的运动项目，受中国传统文化影响，其亦是传统文化不可或缺的一个支流。传统体育受各民族不同文化背景熏陶，所以覆盖范围很广，其内容和运动形式也是五花八门。从古代产生发展到现代社会广泛流传，传统体育也在随时代经历变化革新，始终如一的是其相对稳定的观念、娱乐趣味、文化底蕴、活动形式和动态特征。研究传统体育，不可忽视其突出的民俗性、传承性和习惯性。

二、传统体育的内容

传统体育种类繁多，包括各方面、各类型的运动和智力项目，以下简要介绍传统保健体育、智力性游戏和民俗体育。

（一）传统保健体育

1. 武术

武术运动是中国最有代表性的传统保健体育，深受中国传统哲学和传统文化的影响，强调身体塑造和内部修炼兼顾，功法和道义相结合。它的表现形式有两种，即徒手和器械的攻防动作。由于武术有别于其他运动项目，具有自身特性故其能够卓立于世界体坛而独树一帜。其特性主要表现为：

（1）武术是功法、套路、技击术三位一体的运动，这种融技击、养生、表演和功法于一体的特性使中国武术体现了鲜明的民族特征。

（2）武术的理论体系自成一派，可以明确与其他民族体育运动相区分。武术随着人类生产生活出现，受中国古典哲学、伦理、兵法思想影响，且与中医学有着密不可分的联系。这种与中国传统文化深度绑定的属性是其独属的特点。

（3）中国幅员辽阔，国土面积大，民族众多，武术与各地区风俗习惯、民族风情、地方文化互相浸染，内容体系十分丰富。

武术之所以区别其他国家民族体育闻名于世，是因为其特有的精神文化内涵，注重自身修养的提升，强调武德的追求，整体和谐的自然观。经过"土洋体育"之争后，武术家借鉴西方体育的精华，使武术自身的竞技能力得到了提升。此后，武术逐渐吸引了"国际的目光"，20 世纪 70 年代以来，很多国家出现了"武术热"。1991 年国际武术联合会正式成立。

2. 导引

与武术不同的是，导引并不是具体指某一种运动，其在医疗保健、武术舞蹈、传统戏曲、修身养生等各个不同的领域有不同的释义和作用。晋代李颐称其"导气令和，引体令柔"，即导引注重整体性修炼，身体和心理、内在和外在一起修炼，保养精气神，这种说法流传至今，受到不同时期的人们广泛认同。导引是一种传统的养生治疗手段，早在先秦时期就有记载"彭祖寿考者之所好"，在今天，导引依旧被用作医学和养生，是当之无愧的中华民族文化遗产。

（二）智力性游戏

1. 围棋

《世本》记载"尧造围棋，丹朱善之。"这非常明确的印证了围棋存在的年限，其传播时间之久可见一斑。根据相关史料记载，魏晋南北朝时期围棋已经传入朝鲜和日本，第二次世界大战的前夕又经日本传入欧洲。目前有 30 多个国家加入世界围棋联盟，中、日、韩三国处于当今世界围棋的最高水平。

2. 中国象棋

中国象棋同样流传时间久远，且富有独特的文化内涵和无穷的魅力、感染力，受到不同年龄层、不同身份的人广泛喜爱。与围棋不同的是，象棋简单易学，便于普及。1982 年，国家体育运动委员会（现国家体育总局）将武术和象棋同时列为向世界推广的体育项目。

（三）民俗体育

1. 中国式摔跤

摔跤运动是指徒手摔倒对方的较量，拥有最基本的竞技特征。摔跤起源于原始社会，由人类生产生活、抵御野兽等行为活动衍生而来，在千百年的发展历史中逐渐形成固有动作、套路。随着当今社会娱乐、健康等需求的增加，这一传统体育也备受关注，摔跤为徒手较量，无须任何器械，也不受场地限制，再加上一些民族色彩，故而是各族人民广泛喜爱的健身运动。摔跤流传时间较久，在不同朝代有各种称谓，如角力、角抵、争跤、摔跤（角）等。1958年，被定名为"中国式摔跤"，并列为国家体育运动竞赛项目之一。

2. 龙舟竞渡

龙是中国古代神话中的动物，对中华民族有着特殊的意义。龙舟就是以龙为原型制造并命名的舟，不仅造型独特，其娱乐性和竞争性也别具一格，蕴含着各族人民生产劳动中的辛勤和智慧。龙舟竞渡将龙舟具有的竞争性赋予更多的意义，后又因纪念我国伟大的诗人屈原在南方水乡广泛开展。随着现代社会的发展，龙舟竞渡被更多地区重视起来，正式归为体育比赛项目，并且在龙舟的参赛人数、比赛规则、形状大小等各个细节方面做出规定，促使其向正式化、规范化发展。

3. 风筝

风筝产生于东周春秋时期，距今已有两千多年的历史，可以说是人类历史上最早的人造飞行器。相传墨翟将木头研制成木鸟的形状，是人类最早的风筝起源。又有《墨子》记载，春秋时期鲁班"削竹木以为鹊"改进了墨翟的风筝材质，能够在空中飞翔。放风筝是一项很受欢迎的大众体育健身运动。1984年至今，每年一次的潍坊国际风筝节都吸引了来自世界各地的大批风筝爱好者。

4. 踢毽子

又称"踢箭子"，起源于汉代，盛行于南北朝和隋唐。20世纪30年代，在全国第六届运动会上踢毽子正式成为比赛项目，比赛规则也逐渐向规范化靠拢。踢毽子对场地要求简单，并且有利于培养灵敏性、协调性和平衡性，对身体健康大有裨益。

第二节　传统体育的起源与发展

一、民族传统体育的起源

所有的文化都是在特定的土壤中生长起来的，和一定的经济、政治相联系。我国是多民族国家，我国的文化由各个民族共同创造，与世界的其他民族文化相比，中华文化的精神风貌具备一定的独特性。我国社会的进步与发展深刻地影响着民族传统体育的产生与发展。

人类的需求带来了生产和生活实践，民族和社会的需求带来了民族传统体育，民族传统体育是一种文化形态，适应于该民族的自然经济和人民认知水平发展。这些内容都与娱乐和节庆等人类的生活与生产实践紧密地联系在一起。总的来说，民族传统体育的起源包括劳动起源说、自然起源说和娱乐起源说。

（一）自然起源说

人类与自然的和谐统一深刻地体现在民族传统体育中。人类和自然在需求与发展两方面都紧密地联系着，传统体育项目是在各个民族观察自然的基础上被创造而来的。

人们在原始社会时期以狩猎为主要生产方式，通过漫长的实践人们学习到了一些能够对人体的机能进行调节的发声、呼吸和动作，他们也下意识地在生产劳动时去模仿动物的动作和声音等。

人们在观察、模仿和认知自然现象的基础上对多样化的健身舞蹈进行了创造。人们将情感融入文舞、武舞、歌舞和乐舞之中。这些舞蹈既能调节人的精神，还能强化人的身体，人类以此对自己的生命安全加以维护，并抵抗自然的侵袭，从中显示出人们追求和再现自然的愿望。

民族习惯、生产力发展水平还有地理环境都影响着民族传统体育的产生。中国地域广阔，所以各个地区都产生了各民族独特的体育文化形态。在北方生活的人们享受着广袤的平原和草原，他们以弯弓射雕和纵马驰骋为体育活动；南方的人民享受着湖泊江河，他们以操舟和游泳等为主要活动，其体育项目也逐渐以水为主要空间和活动场所。例如傣族的先民们在河谷平坝地区居住，周围都是群山，这里有肥沃的土地和充足的雨水，傣族民族性格含蓄沉稳，且喜爱田园生活的宁静，这造就了他们典雅、柔美且纤细的传统体育风格。他们会对各种鸟兽进行模拟形成舞蹈，其中包括"大象舞""孔雀舞""蝴蝶舞"等。

人们将自己在自然现象中的发现和创造融入对自然的模仿中。除舞蹈之外，创造还体现在各种传统体育活动中。例如，摔跤运动就是人们模仿羊和牛的动作；春秋战国时期人们通过对风的想象和认知创造出了飞鸢，也就是如今的风筝；医学家华佗在东汉后创造出了五禽戏，通过对猿、鸟、熊、鹿、虎这五种动物的形态动作进行模仿来达到强身健体的效果。

（二）劳动起源说

我国学者认为劳动起源说比较合理，并将其置为主导地位。人们在利用劳动对自然进行改造的同时也改善了身体的机能。原始人类以生产劳动为主要社会活动，体育文化在很大程度上是受劳动和生产工具使用技能的推动而产生的。

人类不仅创造了文化，同时也将自身的劳动生产力进行了发展，这也促使他们有了更强的体育文化需求；体育和社会文化在劳动生产力发展的促进下又进行了再创造。合适的方法与动作是应用生产工具和体力技能的前提，对于体育和体育文化的产生来说也是一项重要因素。

早期人们的生存依赖自然，同时各种自然灾害，各种动物都有可能会伤害人们的生命。原始氏族部落不具备较高的生产力，他们主要依靠狩猎和采集等活动来生存，他们通过这些活动也获得了基本的生存技能，成为未来体育产生的基础。

社会生产力水平在原始社会后期逐渐提升，人们开始着眼于丰富的业余生活，各种游戏项目也因此产生，以两球相碰和手抛脚踢为主要内容，石球不再仅为生产工具，而成为人们的游戏用品，这也是体育的萌芽期。

这种以劳动为起点的体育在生产力逐渐发展的过程中，渐渐脱离生产劳动，各式各样的体育运动项目陆续产生。人们当时的生产、生活与生存需要都融入在这些民族传统体育活动中，这些活动能体现人们的生存能力，成为人们生产和生活的一部分。

生活与生产的需求是人类社会初级阶段体育锻炼的目的，在社会发展过程中，某些运动从谋生逐渐转化为一种本能，人们会在劳动过后，通过运动来抒发自己的情感。他们以自己的身体来对不同的想法进行表达，获得精神上的愉悦。人类的体育活动随着原始人类生产与生活方式的进步开始出现了一定的变化，人们从此开始认识到身体经过这些活动能得到一定的益处，发现各种形式的体育活动能够对人的身心起到正面的作用。

传统体育是一种有意识的人类社会活动，它建立在思维发展、语言产生的基础上，而劳动是这一切内容出现的前提条件。可以说，劳动不仅创造了人类和人类社会，还创造了我国的传统体育文化。

(三) 军事战争

人类进入阶级社会，为争夺地盘、猎获物甚至领袖地位继承权，战争逐渐频繁，规模日益扩大。战争推动武器的发展和战斗技能的演进，因此对战斗人员事先进行身体和军事技术训练成为必要的一项工作，这些都成为传统体育发生、发展的动力。

从夏代到春秋战国，弓箭始终是战争中的主要武器。射箭成为主要的军事技艺之一，传授射箭技术、进行射箭训练成为一项十分重要的军事训练活动。传说夏朝时的后羿不但善射箭，而且善教射。到了西周时期，射箭被赋予了特殊地位，发展迅速。对西周的成年男子来说，射箭不但是作战的必备手段，也是一种军事体育活动，具有敬德遵礼的性质，可用于进行道德方面的教育，也可用于维护奴隶主阶级的等级地位。

商周时期，车战是主要的作战方式，弓箭是车战中配备的主要兵器，射手是车战中的重要战士，要想在驰骋的战车上射得准而远，射手必须要有良好扎实的基本功。射箭和骑射作为古代一种军事体育项目，受到历代统治者和军事家的高度重视与大力提倡推广。

春秋战国时代，为了适应战争的需要，还发明了射程远、杀伤力强的弩射。《战国策·韩策一》说韩国的强弓劲弩，皆射六百步外，"韩卒超足而射，百发不暇止；远者达胸，近者掩心"。由此可见，弩射是当时战争中有力的远射武器。

福建沿海地区的畲族、汉族经常进行的赛海马运动，也是一项典型的由战争中衍生出来的民族传统体育活动。这项活动与明代抗倭名将戚继光颇有渊源。明嘉靖年间，倭寇入侵东南沿海时，常常在明军赶到时飞速逃走。戚继光召集能工巧匠设计出了在海滩上快速滑行的"海马",并挑选身体强壮的士兵练习驾驭"海马"的技术,多次击退倭寇。倭患消除之后,当地渔民便把海马作为运输工具,并在此基础上形成了赛海马运动。从此,"海马"演变成为既是一种军事训练工具,也是一种体育工具。"海马"亦称"滑溜板"(长约1米、宽40厘米左右的木板,木板前面竖两个木把),一人一板,一腿跪在海马上,一腿不停地在海滩上蹬,两手握住海马上的木把。在海滩上足踩这种滑溜板,如同骏马奔驰,疾走如飞,十分灵活。这项运动与当地的沿海环境相关,其流行与战争有较紧密的关联,后来成为年节中一项重要的体育娱乐活动。

清朝是北方少数民族满族建立的,康熙、乾隆两朝时经常借"木兰行围"与蒙古各部联欢,进行摔跤、赛马活动。此外,跳马、跳骆驼也是由古代满族与敌兵近战飞身跃上敌骑擒拿敌人的一种军事技巧演变而来的,最初作为清朝八旗士兵提高体质和作战技巧的训练方式,后演变成为传统体育活动。

由于战争对于民族存亡至关重要,战争的技术源于各族人民的日常生活,因此,对战争胜利起积极和关键作用的运动方式便被迁移到日常生活中。它既代表着一种对和平的向往,也凝聚着各族人民的生活智慧。

(四)娱乐起源说

人类具备娱乐性这种天性,同时人具备社会与自然属性,所以会受到生理规律和社会因素的双重制约。原始人类在满载而归之时,会通过各种各样类似于舞蹈的身体动作来表达内心的愉悦。

部落是一个集体,整个部落都会在收获时集体舞蹈庆祝。在《吕氏春秋·古乐篇》中曾对人们狩猎到牛的欢愉场面进行了描述。人们的心理和生理需求被这些活动满足,所以,传统体育在原始人类的娱乐活动中萌生。人们一旦开始了解这些身体活动的益处,便会下意识地对这种活动和本能活动进行区分,原始的民族传统体育形态就是这样形成的。

古代居民经过一段时间的辛苦劳作,需要一定的休息,在这一时期娱乐就成为人们调整身心健康的需求,各种形式的体育活动得以形成。例如,在上古时期,人们创造了"击壤"游戏来进行业余活动;汉代往往会在宫中举办"击鞠"。此外,还有战国时代的龙舟竞渡、唐代的相扑比赛等,都是人们的休闲体育活动。

各个民族地区都有不同的风俗，这也带来了体育文化的差异，这些体育文化的发展紧跟着社会的发展，与生活方式一起被人们逐渐沿袭下来，是民族传统体育重要的组成部分。

二、民族传统体育的发展现状分析

中华民族传统体育是全国各族人民强身健体、消遣娱乐、沟通感情的活动项目，是我国民族文化的重要组成部分。然而，随着近现代西方体育尤其是竞技体育传入我国，我国的民族传统体育发展受到阻滞，甚至部分被取代，面临发展危机。近年来，许多专家学者开始重视民族传统体育文化研究，探究其在新时代的持续发展方向。我国各民族的传统体育项目都是我国宝贵的文化遗产，如赛龙舟、拔河、舞龙狮、摔跤、赛马等，都具有典型的民族风情和丰富的娱乐健身价值。作为具有上千年历史的中华民族传统体育文化，绝不能故步自封，应随着世界体育文化的发展需要与时俱进，结合本国各民族的实际情况和外来体育文化的优点，扬长避短，通过与外来优质体育文化的融合、发展和创新，走上可持续发展的道路。

（一）我国民族传统体育的发展

民族传统体育发展不是孤立发生的，其在历史发展长河中受到经济、政治、文化等各方面的影响，具有丰富的人文底蕴和文化信息。我国民族传统体育是中华文化的重要组成部分。其中蕴含着多种精神文化，包括民族意识、哲学思想、文艺美术、文化心理、养生心理、信仰等。

我国民族传统体育所蕴含的精神文化丰富多样，但其教育形式通常以言传身教为主，很难将理论与实践有效结合，缺乏相关科学论证分析，不利于民族传统体育的传承。近年来，我国逐渐重视民族传统体育的战略发展，这需要人们不断寻求更有利的发展模式，推动我国民族文化健康发展。我国民族传统体育自身具有多方面价值，对于实现中华民族的伟大复兴具有推动意义，能够让广大人民群众更深切地了解体育文化精神理念，不断丰富广大群众对体育文化的认知。

（二）西方体育文化对我国民族传统体育的影响

体育文化在不同地区推广、发展的方法各不相同，西方利用经济传播体育文化，随着社会媒体技术的不断发展，西方国家通过现代媒体将体育文化迅速传播，推广至世界各地，让不同地域的人接触到西方体育文化，了解体育文化精神的思想观念，提高人们对体育文化的深入了解。西方体育文化在宣传推广过程中，将他们的体育价值潜移默化地植入了人们的思想，使全球体育文化逐渐同质化，不利于我国民族传统体育文化独特性的保存。西方体育的优势特征，使其被称为"物理体育"，主要特点有公平竞争、准确评价、规则明确、尺度客观等，这些特点都有利于体育文化的健康发展，可供我们学习和借鉴。

（三）我国民族传统体育的发展困境

1. 传统体育与现代元素之间的冲突

我国民族体育的发展历史较为久远，其本身就是我国传统民族文化精神的重要体现，是我国各个民族历经悠长岁月流传下来的瑰宝，这使得民族体育有了独特的民族风情。然而在民族体育的传播中，由于其文化传播方式比较独特，整个过程都是以自我为中心，在文化传承过程就会出现内化作用占主导的现象，导致民族体育的外化作用不断减弱，给民族传统体育发展带来较大挑战。就目前来看，民族传统体育的外化功能包括大众传媒、高新技术及其他信息化建设等。在以往民族传统体育的发展中，其之所以能够长久不衰，正是因为积极汲取其他文化，但是在现代体育运动冲击下，过于重视对民族传统文化的保护，对外化作用的影响缺乏正确认识，导致民族传统体育的发展受到阻碍。

2. 传统体育无法与现代教育充分结合

虽然我国对民族传统体育的重视不断提高，政府也通过各种政策支持民族传统体育发展，但是就民族传统体育的传承来看，其与现代教育无法衔接，难以确保民族传统体育的有效传承，许多体育运动方式正逐渐消失，给民族传统体育的发展带来较大挑战。同时，有些学校将民族传统体育设置成一门必修课，但是在国外文化的影响下，受众思维出现较大变化，未能调整民族传统体育在学校教育事业发展中的位置，以致民族传统体育的教育优势无法得到充分发挥。此外，我国高校民族传统体育专业的教材缺乏统一性、师资力量也无法得到保障，这对民族传统体育课程的开展和发展造成了不利影响。

3. 无法深入挖掘民族传统体育的价值功能

作为一种融合了多种性质的文化表现方式，民族传统体育体现出了较高的主体价值功能，其中所蕴含的精神能够对我国人民的价值观念产生一定影响，促进群众健康理念的发展。同时，民族传统体育具有较强的表演性、娱乐性及传承性，在体育运动的表演过程中表现出较强的生命力，但是其主体功能价值受现代体育竞技思想的影响不断弱化，甚至逐渐向竞技功能转变。现在人们在进行民族传统体育运动比赛时，过于注重竞技作用，对体育文化精神缺乏重视，导致民族传统体育的发展陷入困境，逐渐失去了民族传统体育的文化特色。

4. 对民族传统体育缺乏正确认识

就目前来看，虽然各个学校对民族传统体育的重视不断提高，在民族体育方面的投入也不断提高，但是我国人民仍对民族传统体育的认识不足，对民族传统体育缺乏兴趣，这就给民族传统体育的发展带来较大挑战。在现代体育事业的发展过程，体育部门大多将工作重点放在奥运会等竞技类的比赛项目上，对民族传统体育的投入不大，即使举办了诸多民族运动会，但没有做好运动会的宣传工作，使得人民对民族运动会的参与积极性不大，最终活动也会流于形式，严重影响到民族传统体育的持续发展。面对这种情况，想要保证民族传统体育发展，有关部门要先改变这一局面，不断强化我国人民对民族传统体育的认知。

（四）民族传统体育发展的优化路径

1. 努力构建民族体育理论系统

作为现代文化传承的载体，民族体育的发展过程不仅要重视其内化作用，也要积极构建外部功能。构建外部功能首先要努力构建民族体育理论系统。政府在整个系统构建过程中要主动承担重任，充分发挥民族体育的影响力。受现代文化的影响，有关部门可以充分利用大众传媒、高新技术等形式进行民族体育宣传，发挥现代元素在民族体育发展中的促进作用，进而全方位构建民族体育理论系统，促进民族传统体育科学发展。同时，有关部门需要重视民族体育的内外衔接，整个宣传过程要体现出对民族文化的继承功能，在弘扬文化过程中，要维持文化的原生态作用，使民族体育理论系统能够适应我国民族传统体育的发展要求。

2. 促进传统体育与现代教育衔接

为充分发挥现代教育对民族传统体育的传承及弘扬作用，有关部门需要提高对民族传统体育的开发力度，促进民族体育和现代教育衔接，为民族传统体育发展提供有力支持。在进行现代教育时，需要渗透民族凝聚力、民族情感及社会集体意识，以此强化学生对民族传统体育的认识，提高学生对民族体育的认同感，使学生能够积极承担起传承、弘扬民族文化的责任。同时，要根据现代教育的要求，对民族体育进行合理优化，在保留文化精髓的基础上，使民族体育更加符合现代教育需求，这样才能为学生提供更好的学习环境，使民族体育能够深入到学生的学习及生活中，从而有效促进民族传统体育发展。

3. 深入挖掘民族传统体育的价值精神

在我国社会经济快速发展的背景下，国家开始注重民族地区文化精神风貌建设，相关部门通过举办民族体育比赛，实现对民族文化的继承和发展。由于民族体育本身就蕴含着诸多价值精神，为确保体育主体及价值精神得到充分体现，需要人们深入挖掘民族体育的价值精神，不能一味重视竞技作用，以保证民族体育的价值功能及娱乐功能得到充分发挥。

4. 加强对民族传统体育的研究力度

为充分挖掘民族体育中的内在价值，体育部门要提高对民族传统体育的研究力度，对现有的民间自发性研究机构进行引导，指派专业的工作人员与其进行沟通交流，以此确保研究工作的效率及质量。目前我国大部分民间自发性的研究机构都存在较大的经济压力，对研究工作造成了一定影响，这首先需要政府部门充分发挥支持作用，通过政策、财政支持使民间机构的研究工作得以顺利开展；其次，体育部门要设立一个独立存在的研究机构，便于对有关民族传统体育的资料进行收集、整理和分析。同时，可以邀请一些具有丰富经验的民间人士及民族体育专家参与研究工作，以保证研究工作的有效进行，使研究工作更有深度；最后，研究人员还需要对研究过程的资料进行分析和总结，做好日常的信息记录工作，将其备份到计算机中，避免出现资料丢失情况，为民族传统体育的发展提供依据。

5. 加强对民族传统体育的宣传工作

在民族传统体育的长远发展中，体育部门的宣传力度直接影响着我国人民对民族体育的认知。因此，加强对民族传统体育的宣传工作，能够帮助我国人民对民族体育形成更加清晰的认识，充分了解民族传统体育所具有的内在价值，对民族传统体育的发展有着积极影响。在进行民族传统体育的宣传过程中，要加强与广播媒体、电视媒体及传统纸质媒体的合作，定期进行宣传工作，使我国人民能够通过收听广播、观看电视，对民族传统体育有一个初步了解，并通过长期的宣传使我国人民对民族传统体育形成一个全面的了解。此外，要加强与新媒体合作，利用微信、微博等网络平台将民族传统体育的相关内容推送给群众，实现对民族传统体育的宣传，使我国人民能够在了解民族传统体育的基础上，自愿对民族传统体育进行保护和传承，为民族传统体育发展提供有利环境。

三、民族传统体育的发展方向

进入 21 世纪以来，随着我国社会主义现代化建设步伐的迈进和体育事业建设进程的加快，民族传统体育作为我国体育事业的重要组成部分，面临着较为突出的继承和发展问题。因此，在当前我国社会转型时期，必须深入研究民族传统体育的发展走向，为我国民族传统体育事业在新世纪的发展制定政策、指明方向和做好理论导向，使民族传统体育事业健康、快速地发展。

（一）与市场经济相适应的产业化发展观

目前，我国民族传统体育向体育产业化道路的发展也进行了种种尝试和探索。如中国少林国际武术节、中国沧州国际武术节、中国温县国际太极拳年会、中国莆田国际南少林武术节、世界太极拳健康大会等，集武术活动及旅游经贸于一体，以武术活动为形式，以经济活动和文化交流为内容，既推动了武术运动的发展，又加强了本地区和外界的经济技术交流与合作。2001年，国家体育总局批准中国武协与有关方面合作，筹备成立三个武术产业公司。因此，武术产业化的时代已经真正开始萌芽了。武术项目在产业化道路上的探索，同时也为其他民族传统体育项目提供了宝贵的经验。如土家族的"茅谷斯"舞的推广，不仅提高了该地区的知名度和影响力，同时也推动了当地文化旅游产业发展。

目前，我国尚处于经济发展不平衡阶段，东部经济的膨胀式发展与西部滞后的经济水平间的不平衡尤为突出，然而西部丰富的资源储备、良好的旅游资源开发前景以及国家政策支持为我国民族传统体育的产业化发展提供了良好的机遇。国家提出的"西部大开发"也正显示了西部经济虽然落后，但蕴藏着机遇和发展潜力。

西部丰富多样的民族传统体育开发与发展离不开地区经济水平的提高，而经济水平的提高另一方面则有赖于地区产业化程度的发展。民族传统体育事业的发展又为经济的飞跃起到了积极的促进作用，两者有机融合，相互促进和提高。因此，抓住西部大开发这一机遇，立足于根本，确定与市场经济相适应的产业化发展道路，不仅是现阶段内我国社会主义解放生产力，发展经济的宏观目标，也是民族传统体育在新时期发展的基本出路。

（二）与现代化建设相融合的科学发展观

目前，我国正处于社会主义现代化建设的关键时期，科学与教育是各项事业得以可持续发展的有力保证。因此，发展我国民族传统体育，树立正确的科学发展观，不仅是自身需要，也是与我国社会主义现代化建设相融合的客观要求。有了科学发展观的总体指导原则，我们在发展民族传统体育时，就能时刻贯彻这一方针，并且在民族传统体育事业的各个方面得以充分体现和使各项工作得到积极有效的保障。在这方面，我国民族传统体育项目，武术、健身气功等发展较为显著。

20 世纪 80 年代后，由于武术项目受到政府的高度重视和大力支持，取得了巨大发展。目前已经初步形成包括研究生，本科生，专科生，函授生、教练员进修班及各类中外武术人员短训班等不同层次、不同类型的武术人才培养体系。同时，利用现代运动训练学、运动生物力学、运动生物化学等学科知识来阐释武术运动机理的科研成果也成绩斐然。尽管武术，健身气功等在科学研究方面得到了较大的发展和令人瞩目的成绩，但是只停留在少数的、单一的民族传统体育运动的范畴和层次是远远不够的。民族传统体育作为一个有机整体，其发展应是整体的同步的和整体趋势进程上的统一。同时，这种统一性要与当前我国社会发展的国情相适应，与社会主义的物质文明和精神文明建设相适应，从而在科学发展道路上建立起与现代化建设相融合的科学发展体系。脱离了国情的民族传统体育发展不是真正的科学性发展，只符合国情而无科学作为发展内在动力的民族传统体育也必然会走向衰败。

民族传统体育运动的发展不仅是单一的体育模式或独立的科学探索，而应该是整个民族传统体育事业与现代化建设相融合的有机系统的科学发展和复苏。这种民族传统体育的科学发展观是整个民族传统体育都要在以实现社会主义事业为基础的科学化发展，它包括民族传统体育理论建设、市场发展、人才培养、文化建设、国家相关政策等一系列有机组成部分。

第三节　传统体育的特点与性质

一、民族传统体育的特点

（一）较强的生命力与凝聚力

中华民族在长期的发展过程中逐渐形成了特色的民族体育文化。长期以来我国都是以农业为基础，逐渐形成了以农业为主题的传统文化体系，这是由我国独特的地域环境所决定的，长此以往就形成了我国独具特色的传统文化，民族传统体育正是在这样的环境和背景下形成与发展的。

总体来看，我国绝大部分地区都有着非常优越的自然条件，这就为农业的发展以及农业文明的建立奠定了良好的基础，久而久之就形成了以农业文明为主体的中国传统文化体系，农业文明是我国传统文化发展的重要根基。有学者曾经指出"在中国占主导地位的传统文化，无论是物质的，还是精神的，都是建立在农业产业的基础上的。"尽管有一部分学者对我国古代农业文明的社会结构存在着一定的异议，但其中一个不容忽视的事实却是中国文化是目前世界上唯一一个从未间断的文化体系。作为最古老的、未曾中断的文明，中国的文化发展至今仍然具有强大的生命力，这是其他国家的文化所不可比拟的。这也是中华民族得以延续与发展的力量之源。

总体而言，我国民族传统体育项目大都建立在农业基础之上，呈现出鲜明的特色。以武术文化为例，我国武术中的很多拳种都起源于农业区，如少林拳和陈式太极拳主要起源于农耕文明的发源地之一河南省。

总之，在发达的农业文明环境下，我国的民族传统体育获得了快速的发展，而在当今"一带一路"发展理念的背景下，中国独有的地域优势仍然会发挥重要的作用，我国的民族传统体育也将会获得可持续性发展。

（二）鲜明的主体性和整合性

我国有着悠久的历史，经过各个时期的不断发展形成了独特而深厚的文化底蕴和内涵。无论是各种物质内容还是体育习俗都对世界各国人民产生了一定的影响，吸引了大量的海外游客前来了解与探索。在当今社会背景下，人们对体育健身的欲望比以往更加强烈，与西方竞技体育相比，我国民族传统体育比较温和，运动量和运动强度都不大，对人体的损伤较小，这是西方竞技体育所不具备的优势，在这一方面，对于热爱休闲健身的人群有着一定的吸引力，尤其是对于中老年人而言。民族传统体育的这种优势是中华民族传统文化的精髓所在，具有鲜明的主体性和整合性。

中国是一个多民族国家，在这一丰富的文化体系的影响下，民族传统体育才得以生根、发芽和发展。受传统文化的影响，中国各民族都形成了自身特色鲜明的体育文化，大部分的体育项目都有着很深的民族烙印，这与中华民族整个文化体系的发展是分不开的。

受传统文化的影响，中华民族传统体育呈现与众不同的特色。而在各个历史时期的政治、经济、民俗等因素影响下，各民族的传统体育也呈现出相应的特色。在以上诸多因素的影响下，中华民族传统体育文化才呈现出显著的传统特性。随着时代的不断发展，这一传统特性被保留下来并发扬光大。大部分的民族传统体育项目都是在民间产生的，受民间民俗的影响，带有鲜明的民俗文化特点，这也是民族传统体育的一个重要特性。每逢重大节日，在节日期间人们就会成群结队地参加各种民俗体育活动，这些节日的举办为民族传统体育的发展提供了良好的平台。如蒙古族的那达慕体育大会就是一个典型的例子。每年在蒙古族的那达慕大会上都会有射箭、摔跤、赛马、拔河等多种多样的体育项目，通过这些民族体育项目的举办，蒙古族的体育文化得以持续不断的发展下去。苗族的节日也很多，如"起秋""跳年会"等都是重要的节日，在这些节日期间，人们会参加跳鼓、射弩、赛马、爬花杆等多种传统体育运动，极大地丰富了自身的精神文化生活。如今，在全民健身运动广泛开展的背景下，其中很多项目都成为热爱健身的人们的选择，获得了进一步的发展。

总之，中华民族传统体育呈现出鲜明的主体性特点，这一主体性特点为本民族体育文化的发展奠定了良好的基础。但这一主体性特点也不是固定和封闭的，而是随着时代的发展和变化不断与其他民族文化沟通与交流，从而形成一个多元文化的载体，如此才得以持续不断的向前发展。

我国地域辽阔，民族众多，随着不断发展，逐渐形成了丰富多彩的民族文化，多种多样的民族传统体育。这些各具特色的民族传统体育项目间的相互交流与融合形成了当今我国特有的体育文化体系。

（三）持久的激励性

中国有着悠久的历史传统，长期建立和形成的丰富的文化体系深深影响着社会每一个层面和每一个国民。在这一文化传统影响下，国民的认同感和归属感都得到了极大的增强，由此可见，民族传统文化具有持久的激励性。

在中国发展的历史长河中，儒家思想对我国的影响十分深远，儒家思想构成了中国的主流思想文化体系，在这一思想文化体系影响下，中华民族传统体育文化也得以不断发展，可以说儒家思想文化是中华民族传统体育文化的母体。儒家思想所阐释的人文理念深深地融进了中华民族的血脉，其"内圣外王"的人生价值观也决定了中国体育道德至上、修身为国的价值取向。尤其是儒家思想所倡导的"和"文化更是深深影响着中华民族传统体育文化的发展，它所强调的人与自然的和谐统一成为区别于西方竞技体育的重要标志。

儒家的"和"文化是其重要的精髓所在，它主张"和为贵""和而不同""天人合一"等思想。随着时代的不断发展，这些思想深深影响着每一个国民，影响着社会各个层面，使得中国的传统体育文化呈现出独有的特色。以传统武术为例，武术比赛不仅注重技艺的对抗，同时还主张"以礼始以礼终""以和为贵""点到为止"这些精神都是儒家思想"和"文化的具体体现。这种思想对于培养集体主义精神和民族利益为上的价值观具有非常重要的意义。

民族传统体育文化已经成为中华民族的重要符号特征，其所彰显出的精神深深激励每一个国民，增强了国民的凝聚力，这对于中国社会主义现代化的建设以及中华民族的伟大复兴都具有深远的影响和意义。

（四）极强的包容力

中华民族具有很强的包容性。受此影响，中华民族传统体育也呈现出同样的特征。可以说，每个民族文化都有自身的特色和独特的文化内涵，正因如此，其他文化现象在进来时就会产生一定的吸纳或排斥机制，正是在这一排斥机制的影响下，民族传统文化才得以维系和持续发展，而也正是在这一吸纳机制的影响下，中华民族传统体育文化才能与其他文化相互融合，整个文化体系得以不断丰富和完善。受中国传统文化的影响，中华民族传统体育也呈现出鲜明的主体意识和强大的包容力，各民族的传统体育文化相互交融在一起共同形成了一个特有的文化共同体。

我国民族众多，各个民族都有自身特色鲜明的民族文化。受地理环境的影响，我国在长期的发展过程中也形成了不同区域文化的格局，如齐鲁文化、吴越文化、秦文化等。在我国传统文化包容性特征的影响下，不同文化现象相互交融，共同发展。以传统武术为例，传统武术经过各个时代的演进与发展，其内容体系不断丰富和完善，主要衍生出了套路与格斗两个体系，其中套路又包括各个项目，单练包括诸多拳种，各个流派以及各个拳种之间相互借鉴与吸收，获得了共同发展。

总之，中华民族传统体育文化具有极强的生命力和包容力，各民族、各项目能在与其他文化思想碰撞与交流的过程中借鉴和吸收其有益的成分而获得进一步的发展，这也是中华民族传统体育文化得以延续与发展的一个重要原因和优势所在。

（五）较强的辐射力

中华民族传统体育文化不仅具有很强的包容力，而且还具有极强的辐射力。这主要体现为民族传统体育文化对异质文化的包容和同化，以及民族传统体育文化对其他文化现象产生的影响。中华民族历史悠久，在历史发展的长河中，中国周边的日本，朝鲜、韩国等国曾经受到中国传统文化深深的影响，这一影响渗透进了这些国家的政治，经济、社会等各个层面。受中国传统文化的影响，东亚各国可以说形成了一个儒家文化圈。表现在传统体育方面，韩国的跆拳道、日本的柔道等无不受到中国传统武术的影响，这就是中华民族传统体育具有强大的辐射力的具体表现。

二、我国民族传统体育的性质

作为世界民族传统体育大家庭中的重要一分子，我国传统民族体育除具备民族传统体育较之现代体育独有的特点以外，还具备自己的一些特性。这些特性与中华民族富有特色的历史、文化发展过程紧密相关。

（一）区域性

民族传统体育最大、最突出的特点是它的区域性。由于中国地大物博，人口众多，各民族的地理环境、自然条件、生存方式等方面存在着较大的差异，因而起源于生产劳动以及与自然条件紧密相连的体育便有了相应的独特性。"南人善舟，北人善马"就是这一特点的最好写照。如：蒙古族自古以来就生息在祖国北方辽阔的草原上，"逐水草而迁移"的游牧生活使得蒙古族人精骑善射，摔跤、赛马、马术、贵由赤（蒙古语：赛跑）等体育项目都具有浓郁的草原民族特色。居住在东北地区的鄂伦春族，在绵延数千里的原始森林中，从事狩猎业生产，独特的生活环境使得鄂伦春族人性格豪放、勇敢强悍。骏马、猎枪、猎犬世界闻名，射击、赛马、皮爬犁、桦皮船、斗熊是他们所钟爱的体育活动形式。居住在云贵高原西南峡谷区的大理白族，其传统体育有赛马、赛龙舟、霸王鞭、秋千、仗鼓等。居住于古越一带的人民，因林木繁茂，水网交错，古越人则善制舟楫，巧于操舟。

总之，民族传统体育无论是从过去的产生，还是现在的发展，都与特定的自然环境紧密相连，是人们适应与改造环境的一种体现，也是人与自然斗争的一种反映。所以，我们在民族传统体育的发展过程中要充分考虑这一因素，因为这是民族体育产生和赖以存在的根由之一。

（二）娱乐性

许多民族传统体育都与文艺活动结合在一起，在节日、集会日举行，具备很大的观赏价值。例如：黎族的跳竹竿。每逢黎族的传统节日，如正月十五、三月三的夜晚，人们酒足饭饱，穿着盛装，蜂拥到村前村后的草坡上，燃起篝火，打着火把，一组一组地跳竹竿。这项活动是由8人持8根竹竿在两头，跪在地上，随着音乐、锣鼓，一分一合地打，另4~8人在竹竿的空隙中来回流动。无论是参与者还是观赏者都会觉得趣味横生。再如苗族的划龙舟，龙舟就是雕刻、制作成龙的样子的船，涂有红、绿、金、银、白各种颜色。划龙舟的人有鼓手、锣手、水手之分，分别负责指挥、敲锣和划水，穿着不同颜色、式样各异的服装。比赛时，几十个披红挂绿的龙舟在大江中直奔，锣鼓声声，烟花阵阵，再加上两岸的观众的助威呐喊，更是气势不凡。

民族传统体育以强身健体为目的具有表演性、娱乐性的项目相当多，这些活动大都安排在业余时间进行，欢庆丰收、欢度佳节、祝贺新婚、闲暇消遣，将体育寓于娱乐之中，扩大欢快的氛围。壮、黎、侗、苗、瑶、彝、布依等族都喜爱打铜鼓，打铜鼓时伴以歌、载以舞，边歌边舞，表演各种动作，开展比赛，风格淳朴，具有浓郁的民族特色和欢快气氛。维吾尔族的达瓦孜、哈尼族的爬树追逐游戏等也是妙趣横生，其乐无穷。

（三）文化性

体育属于文化范畴，并且是整体文化的生动反映，这个性质在民族传统体育上表现得尤为明显。

中国的蒙古、藏、哈萨克等民族过去都是游牧民族，他们历来用马、养马、爱马，具有丰富的关于马的文化，这些民族都有形式和规则不尽相同的广泛的赛马活动，赛马正是马文化的反映。傣族人有一种象脚鼓对踢比赛，比赛时两人一边打锣，一边做各种动作，伺机对踢，做的动作有跳跃、转身、下蹲、躲闪等。动作与鼓声配合，韵律与力量共存。他们这种象脚鼓对踢比赛反映了傣族人把大象看作吉祥物的文化特点。云南文山地区的瑶族盛行"抛花包"，"花包"是用彩色布缝制而成，内装玉米。抛花包时，男女各站一方，相距为一丈远，每人手握两个花包，用手接来抛去，彩包飞舞，循环往复。据说，这是由一对男女青年的爱情故事衍生出来的活动。高山族的背篓球来源于高山族青年男女在生产劳动中投掷槟榔示爱的一种活动，后来逐步发展为体育活动。生活在西南山区的彝族，其摔跤活动则来源于古代牛的互相扭打及医治瘟疫的传说。哈尼族的"打磨秋"来源于一对哈尼族兄妹为救乡亲，说服太阳和月亮，不幸被烤死和冻死的传说。另外还有侗族的"疱颈龙"，水族的"端节"等，都不同程度生动地反映了中华民族几千年的灿烂文化。

（四）健身性

我国的民族传统体育，主要是以身体活动的方式进行的，它要求人们直接参与运动，在愉悦身心的活动中承受一定的生理负担，并在人的体力和体内运动能力物质"消耗—恢复—超量—恢复"的周而复始的循环中促进人的体能发展和体质增强。因而强健体质也就成为了民族传统体育突出的性质。

生活在云南大山中的怒族青年经常自发地举行溜索比赛。溜索是"在横跨大江两岸的钢丝上滑溜过去"的意思，他们借助一种特制的"溜板"和"溜带"，把人们吊在钢丝绳上进行这种活动。溜的过程还可以做各种动作。这是一种勇敢者的运动，需要较好的身体素质和技巧。苗族有一种"上刀梯"的活动，训练有素的青年顺着两边固定36把钢刀的木柱，手抓刀刃，脚踩刀刃，一步一步攀登到柱顶，吹响牛角，然后一步一步下来。这种活动需要气功功夫和一些技巧，经长时间训练才能掌握。侗族、壮族、仡佬族中流行的抢花炮是一种运动量很大的活动。回族的掼牛也是一项需要很大力气的技巧运动，运动者要能扳住牛角，将二百多公斤重的牛摔倒在地。

（五）民俗性

传统体育与民族风俗习惯紧密结合，互相渗透，形成了传统体育的民俗性特点。

民俗促进了传统体育的深化和发展，传统体育丰富了民俗的内容。有的传统体育融进传统节日、婚俗、祭奠活动中；有的节日、歌会、墟场、庆典活动包容了传统体育；有的传统体育项目贯穿于各种民俗中。民族传统节日为例，不管是祭祀和纪念性的，还是庆贺或社交娱乐性的，几乎都与传统的体育活动结下了不解之缘。节日为民族体育活动提供了良好的场所，体育活动又为民族的节日增添了内容，增添了色彩，相得益彰，交相生辉。

（六）多样性

民族传统体育是由各民族共同创造的，其内容丰富、形式多样，据《中华民族传统体育志》统计，55个少数民族的传统体育有676项，汉族传统体育301项，共计977项。每一个民族都有自己的传统体育项目，项目之多、花样之繁，在世界上绝无仅有。有的项目与种族的繁衍有关，如哈萨克民族的姑娘追、羌族的推杆、朝鲜族的跳板等；有的活动源自生产、生活习俗，如赫哲族的叉草球、草原的赛马和骑射以及江南水乡的竞渡等；有的项目则直接由军事技能转化而来，如各个民族的武术等，从而构成了多姿多彩的民族传统体育项目。

民族传统体育类别繁多，结构多元，由于项目不同，动作结构各异，技术要求也不同，如舞龙、舞狮、龙舟竞渡、扭秧歌、斗牛、拔河、风筝、姑娘追、武术、键球、抢花炮、珍珠球、蹴球、木球、射弩、打陀螺、押加、马术、踩高跷、荡秋千、赛马等各种活动都具有各自不同的技术特征，因而形成了各具特色、风格迥异的运动项目。有以养生、健身、康复和预防疾病为目的的导引、太极拳、气功等；有富有趣味性、轻松愉快的各种民族舞蹈、钓鱼、围棋、象棋、风筝等娱乐性体育；也有按竞赛规则规定的比赛场地、器械以及其他特定的条件进行的智力、体力、心理、技术、战术等方面的竞技体育活动。同时，有些项目是人们在农忙之后、生产之余进行；有些则附着在民俗的一些祭祀、节令中；有一人参加的运动，也有多人参加的集体运动；有适合成年男子的运动，也有适合妇女、儿童的运动。

第二章 传统体育文化内涵解读

每种文化都有其自身的价值体系，这个价值体系基本上具有相似的构成，是在形成之初就逐步发展起来的一个价值整体。对于民族传统体育而言，它包括各个民族特有的风俗、习惯、伦理道德、宗教信仰、政治、法律、哲学、艺术以及种种文化制度和精神产品。按照文化三层次理论学说，任何一种文化都具有"物质、制度和精神"三个层次。这三个层次之间不是相互独立、各自发展的，而是作为一个整体，相互促进、相互转换或者相互渗透并共同构成文化的结构，形成其价值系统。

第一节 传统体育的物质文化内涵

在整个体育文化体系中，体育物质文化是重要的基础，它是指人们以体育为目的或在体育中的活动方式及其物质形态。

一、传统体育物质文化的内涵解读

地处大河流域，幅员辽阔，气候温和，借助地理优势，中国自古以来就是农业大国。中国的文明也与农业不可分割，发展出了灿烂的农业文明。在农业发达的现实基础上，中国自春秋战国开始形成以小农经济为基础，以家庭手工业为补充的经济结构。这种小农经济结构为中国的传统体育文化提供了物质文化基础，我国许多传统民族体育活动都是在农业劳作的过程中形成发展起来的。

以草原上的游牧民族为例，骑马、射箭是游牧民族赖以生存的本领，他们不但将这些视为生存技能，还对其抱有崇敬思想，所以逐渐将骑马、射箭发展成一项竞技比赛，享受获胜带给他们的荣誉。比如原本生活在我国东北的游牧民族满族就非常擅长射箭，后来他们入关建立清朝后，射箭开始成为一种"时尚"的运动项目。除了军营中的八旗还保留骑马射箭的作战训练外，普通的士大夫也很推崇射箭运动，家家设有"射圃"，定期举行"射会"。除了满族人擅长的射箭，骑马、投枪和射猎也是游牧民族日常生产生活中常见的技能。如哈萨克族、蒙古族、塔吉克族等，由于在狩猎活动中需要培养使用马匹的能力，牧民们练就了高超的骑术，后来又衍生出赛马、叼羊、骑射、马球、姑娘追等相关的民族传统体育项目。蒙古族传统节日"祭敖包"和"那达慕"大会上的三项传统竞技活动——博克、射箭、赛马，更充分展现了草原游牧民族文化的神韵和风采。又如藏族的赛马、射箭、"俄多"（意为用牧羊鞭甩石块）、赶牛、蹬棍、赛牦牛、抱石块、登山、格吞（双人拔河）等运动，体现了浓郁的游牧民族的风格特征。

和北方游牧民族类似，生活在海南岛的黎族，因为生活的地方盛产竹子，所以在长期的生产生活中形成了一种以竹子为工具的"跳竹裟"的运动娱乐方式。"跳竹裟"的动作是黎族人民根据在竹子之间的跑跳动作形成的，做起来轻快活泼，既是一种娱乐健身的好方式，又颇具观赏性。

我们常常听到的"斗牛"也是一种因为农业生产而发展出来的体育活动，相传是为了庆祝丰收、感谢神明而出现的。在"斗牛"活动中人和牛都要盛装打扮，人们常常身穿华丽的民族服饰或者运动服饰，而牛的身上也要披挂上色彩艳丽的装饰物，以显示喜庆的气氛。斗牛时，人可以先跟牛进行一些互动增加"斗牛"的观赏性，而后采取双手抱住牛角、头顶住牛的天灵盖等动作比赛。斗牛活动通常气氛比较激烈，能够显示人们丰收以后的激动心情。

农业经济是传统体育文化产生和发展的物质基础，自然环境又是农业经济发展的基础。一些传统民族体育活动从农事生产生活中分化出来，既能体现当地农业生产生活和自然环境的特色，又同时具有运动、娱乐、庆祝活动等多种意义。中国复杂辽阔的地形上产生了各种具有地理特点和民族特色的传统体育活动，对于丰富我国传统体育活动文化具有重要意义。

受到战争、人口迁徙、交通状况改善等因素的影响，被自然环境限制的传统体育文化也一直呈现动态变化，我们现在看到的传统体育活动也许已经是多个民族文化相互交融形成的结果。民族之间的交流融合，为传统体育的发展注入了新的活力。

随着科技的发展，自然环境对人类活动的限制逐渐降低，这对传统体育活动的发展既是机遇也是挑战。一方面，科技的进步能拓宽民族传统体育的宣传途径，让更多的人了解民族传统体育活动，吸引更多的人加入民族传统体育活动中来；另一方面，民族传统体育本身以民族和地域特色见长，各种文化的冲击可能会冲淡其特色，另外，科技的进步使得更多新颖的体育活动被人们熟知，民族传统体育的受众数量有不升反降的风险。民族文化想要在新的时代背景下继续绽放魅力，必须求新求变，把握住发展机遇。

二、传统体育物质文化的呈现形式

（一）体育活动方式

随着人类社会的不断发展，体育活动方式也越来越多样化，通过参加各种形式的体育活动，人们的精神文化生活得到了极大的满足。在当今社会背景下，我国全民健身运动如火如荼的开展着，生活中随处可见人们跑步、打篮球、打羽毛球等的身影，除此之外，体育赛事爱好者也变得越来越多，观看体育赛事逐渐成为他们的一种生活习惯，这极大地丰富了体育物质文化的内涵。

（二）体育器材和场地设施

在体育物质文化体系中，体育器材与场地设施等都是非常重要的内容。这是人们参加体育运动的重要载体和基础，缺少了这些内容，人们也就无法参与各种各样的体育活动。

在社会经济水平日益提升的情况下，人们有了多余的金钱和时间参加各种形式的体育活动，通过参与这些体育活动充分满足自身的精神文化需求，在这样的情况下，体育场地、体育器材、体育设施等获得了飞速的发展，这些设施如雨后春笋般涌现出来。

例如，龙舟竞渡中的龙舟就是民族传统体育器材中非常具有代表性的一种。赛龙舟是端午节期间汉族人民普遍流行的一种民俗体育活动，古文献《穆天子传》中有关于龙舟的最早记载。相传周穆王时就已经出现了龙舟，比屈原投江的时间早 600 多年。龙舟主要是由三部分组成，即船体、龙头与龙尾，另外还有各种装饰与锣鼓等。一般的龙舟船体为菱形，两头窄，中间宽。宽窄一般在 1 ~ 1.2 米，个别的宽 1.4 米。船的长度差距较大，短的约 10 米，长的可达 30 多米。龙头大多用整木雕成，竞渡前才装上。

各地的龙头各异：广州西江鸡龙舟龙头长 1 米左右，小而上翘，大多为红色，称为"红龙"，也有的涂为黑，灰色，称"黑龙""灰龙"；广州东江大头狗龙舟龙头的龙颈很短，龙头很大；湖南汨罗市的龙头短颈，上唇部夸张地向上高翘伸起；贵州清水江苗族制作的龙头，用 20~30 米长的水柳木雕刻而成，重达 50~100 千克，上涂金、银、红、绿、白各色，龙头昂首向天，头上有一对变弯的龙角，酷似水牛角，龙颈上还有 10 多个木齿；贵州施秉县无阳小河村制作的龙头，长 2 米多，鼻孔拱穿，很像牛鼻；江西高安市城区的龙头，上唇及鼻子像大象一样弯卷，远远伸出，并且在龙头之下、龙舟的正前方钉有一刻有兽纹的半圆形木板，兽纹似饕餮，又像狮子；而西双版纳的龙头最大特点是在龙嘴前方伸出长长的 2 根或 3 根大象牙似的长牙。龙尾大多用整木雕成，刻满鳞甲，各地龙尾也不尽相同。龙舟的装饰是指除去龙头，龙尾以外的东西，包括旗帜、船体上的绘画，以及锣、鼓、神位等，各地差别更大，很难找出共同的、规律性的东西。例如，鹿门康帅府的三角形船尾旗，上方绣有一鹰，中部为一太阳，下方为一熊，称为鹰熊伴日旗。帅旗为长方形，每条船 1~2 面，一面绣有双凤，一面绣有双龙，正中绣帅字，上方绣鹿门。罗伞绣有各种图案，有的绣八仙，有的绣八仙的各种宝物。除普通的龙舟之外，还有造型龙舟、凤船、独木舟、龙艇等很多别的种类，这些都很好地展现出我国劳动人民的聪明才智。

踩高跷是元宵节举行的一种特色民族体育项目，高跷是民族体育项目的主要器材。高跷在唐代之前叫长跷伎，宋代叫作踏跷，清代开始称高跷。高跷活动由于表演者的双脚踏在木跷之上起舞，要比一般的人高出一截，民众需要仰着头或者站在高处进行观看，所以又被戏称为"高瞧戏"，又俗称"缚柴脚""高脚师""拐子"等。由于踩高跷具有很高的娱乐休闲性，所以受到了广大民众的广泛喜爱。高跷为木制品，是在刨好的光滑木棍顶部（或者中间）的适当位置钉上脚踏制作而成，如赣南客家的高跷结构都是由圆木棍与脚踏板两部分组成。一种高跷是在两根直径约 5 厘米、长度在 150~180厘米左右的圆木棍上，距地面高度数十厘米处各钉一块踏板制作而成，这种高跷不仅容易保持平衡，而且做动作相对简单，容易学习掌握，在健身、娱乐，竞赛活动中很常见；另一种高跷是在两根直径约 5 厘米、长度数寸或数尺的圆木棍顶端分别钉上一块踏板制作而成，掌握这种类型的高跷有一定的难度，一般需要经过专业性的训练，在集会庆典和节假日的表演活动中较为常见。踩高跷是一种喜闻乐见的休闲方式，不仅可以丰富广大民众的业余文化生活，还能增进民族团结与友谊。高跷制作器械简单，取材很方便，基本不受场地、环境等因素的影响。同时，踩高跷的运动强度也不大，极富娱乐性，非常适合人们用来进行健身。

总而言之，民族传统体育的器材与器械是一种物质的文化，是民族传统体育物质文化的有机组成部分，在民族传统体育物质文化内涵中占据着非常重要的地位。

（三）体育文化典籍

随着人类社会的不断发展，产生了各种各样的文化现象，这些文化内容被各种手段记录和保存下来。如文字、图画、雕刻等都是非常重要的手段，其中，人类的文字产生是人类社会文明进步的重要表现，通过文字，人们可以能了解之前的社会的人类社会文化活动与文化现象，文字使人能更加直观地了解历史中所发生的各种事件，了解世界历史的发展进程。

除此之外，各种体育文化典籍还为人与人之间，世代直接经验传承与学习传统体育知识、技能提供了直观参考，从而促使体育运动持续不断的向前发展。

我国体育文化有着悠久的历史，发展至今，关于体育文化的相关史料更是多如牛毛，有专著、论文、图谱，还有史料和地方志，这是我国体育文化研究的珍贵文献，属于体育物质文化的重要内容。

（四）各种思想物化品

在体育物质文化中，除以上内容外，还存在着一部分由体育文化创造并形成物质的各种思想物化品，如体育制度、竞赛规则、体育歌曲等都属于比较常见的思想物化品，这一类也属于体育物质文化的重要内容。

综上所述，体育物质文化的内涵非常丰富，除体育场地、体育设施、体育设备等实物外，还包括具有深刻思想内涵的物质成果。一个国家的体育物质文化能在一定程度上反映出体育运动的水平，同时也反映了社会生产力水平，无论体育运动如何发展，都应将体育物质文化的建设放在突出的位置。

三、传统体育物质文化的多种特性

通过对体育物质文化的研究，可以发现体育物质文化具有多种多样的特性，归纳起来主要有以下三种。

（一）形态的物质性

形态的物质性可以说是区分其他体育文化形态的一个重要标志。体育场馆、体育设施、体育设备等这一类比较常见的体育物质文化内容就属于这一层次。这些内容属于物质的而非精神的。我们可以这样说，一个足球运动场，属于体育物质文化的内容，但是足球场也蕴含着某些体育精神，尽管如此足球场仍旧是物质的而不是精神的，关于这点，无论是体育工作者还是普通的运动爱好者都可以理解。

（二）功能的基础性

众所周知，体育文化的内容主要包括物质文化、精神文化和制度文化三个层次的内容，在这些内容的推动下，体育文化得以形成并获得不断的发展。其中物质文化是体育文化发展的重要基础，没有了物质文化也就没有了精神文化与制度文化，体育文化现象也便无法存在。这就是体育文化功能的基础性的重要体现。这也充分说明了体育物质文化的重要性。

（三）表现的易显性

体育物质文化的内容是普遍存在的，缺少了这一部分内容，体育文化也就无法存在。我们平时所看到的足球场、篮球馆、游泳馆等都是重要的体育物质文化内容，它的表现形式是显而易见的，因此说体育物质文化具有表现的易显性特点。之所以如此，主要是因为体育物质文化与社会生产力要素之间存在着极为密切的关系，而体育物质文化则处于体育文化的最表层，是体育文化得以发展的重要基础。这就是体育文化表现易显性的深刻体现。

四、校园体育物质文化育人功能实现路径

校园体育物质文化是凝聚、体现、承载师生体育智慧与情感的物质形态，是一所大学校园体育精神文化、制度文化等存在和发展的基础，折射着一定的体育精神、体育价值、体育情感、体育理念和体育知识，具有教化人、塑造人、激励人、凝聚人的重要功能。

体育物质文化作为大学文化的重要组成部分，有其特有的育人功能和价值。一方面是因为校园内的人在体育实践活动中建立、创造了体育物质文

化，使简单的体育物质设施打上了人类思想的烙印，完成了人化自然的过程；另一方面，人又是体育物质文化的受用者，时时刻刻在这个特定的环境中受到熏陶和濡染，实现了文化濡化和主体内化交互作用的育人过程。此外，校园体育物质文化，其本身就肩负着文化传承与创新的职能和文化育人的使命，这一结论毋庸置疑，本文不再赘述，重点是讨论如何以校园体育物质文化为载体，融入丰富的体育人文元素和文化内涵，记载校园体育的发展历程，折射校园体育的精神和品位，诉说校园体育的教育理念、审美情趣和价值追求，让那些原本没有生命和情感的物质变成无数个隐形的教育者，传承、创新体育文化的同时，实现文化育人。

（一）重视在体育运动环境中注入人文关怀

"物质"不等于"物质文化"，一所大学的物质条件可能是优越的，但也可能是与人的需要相隔阂的，甚至是对立的。也就是说，再好的物质条件，如果缺失对人的关怀、情感的渗入，也只能是一些冰冷的物质材料的堆砌。因此，校园体育物质文化建设要从人的角度出发，完整地认识学生的主体性存在，理解学生的身心发展规律，尊重学生的多元化体育需求，维护学生的体育权利，关怀学生的生命健康，为学生提供一个安全、方便、实用、美观、舒适、优雅的体育活动场所，启发和感染学生自觉参与体育运动。

在体育运动环境中注入人文关怀具体可以从以下几个方面着手：

首先，体育场地设施的数量和种类建设要满足大学生日常学习和锻炼的需要。在教育部关于《普通高等学校体育场馆设施、器材配备目录》统一要求的基础上，要努力实现多样化，以满足来自不同地域、不同民族、不同层次的学生对体育场地设施的需要。实践证明，如果学生想锻炼，就有地方练，想练什么，就有相应场地设施练什么，就会促进大学生更加积极主动地参与体育锻炼。可以说，完善的体育场地设施和多样化的体育器材品类是激励大学生参与体育锻炼的必要条件。

其次，体育场地设施的布局、空间分布、功能划分要经济实用。既要充分考虑功能分区的问题，使运动场馆相对集中，也要考虑在学生生活区安排适量的体育活动，方便学生经常性参与体育锻炼等。体育场馆应最大限度地实现空间体积和场地面积比例的合理化，训练和比赛用途的最优化，功能用途上尽可能的考虑周全，使其既能容纳较多体育运动项目的教学和训练，同时还能够满足学生的休闲娱乐、体育教学、体育俱乐部活动，以及校外体育竞赛等各方面需要。

最后，体育场地设施建设要符合大学生发展的实际需要和品位。不同层次、不同地域、不同办学理念和不同定位的大学，在体育场地设施建设方面，应该在立足于大学生发展的实际需要和品位的基础上，独树一帜，突出大学自身的特色。增加一些具有高雅性、民族性、实用性和时代性特征的体育活动场所和设备，为学生营造一个高雅、时尚、有品位的体育运动环境，如网球场、跆拳道馆、舞蹈房、瑜伽馆、攀岩墙、击剑等。同时，体育场地设施建设要充分利用自然环境，因地制宜，突出地域特色。我国地域辽阔，自然环境资源的内容与形式丰富多样，大学校园体育场地设施建设应充分利用大学周边自然环境中可以利用的江、河、湖、海、森林、草原、山岗、沟渠等自然的地形、地貌进行加工改造，为学生提供一个人与自然和谐相处的学习、健身、休闲场所。

（二）校园体育文化建设应植根于大学文化

大学校园体育文化是大学文化建设的重要组成部分，两者是一种互动共生的关系。大学文化作为"母体"，孕育、修缮大学校园体育文化，大学校园体育文化作为一种亚文化，展示和丰富大学文化。因此，大学校园体育文化建设要植根于大学文化，以大学文化为导向，主动承载大学使命，彰显大学精神，不断传承、弘扬、繁荣和创新大学文化，才能持久地成为大学文化建设的闪光点，才有持续发展的绵绵动力。所以，任何一件体育器械或是一座体育场馆，从它出现在校园的那一刻起，它就不再是由钢铁、水泥、木材、石料和皮革等材料制成的简单器物，它已然要肩负大学文化传承与创新的职能以及文化育人的重要使命。

例如，体育场地设施建设要渗透大学的人文元素。体育场馆的装饰，要通过介绍和展示场馆的功能、由来、举办赛事的经历、涌现的体育名人、设计的理念等渗透人文元素，彰显人文气质，如在体育场馆的墙壁上布置一些杰出体育人物的画像、名言警句或是重大体育事件等。体育场地设施建设要弘扬大学的优良传统。通过体育场地设施和器材的建设突出地域特色，推广优势项目，弘扬地域文化传统，如靠近东北地区的一些大学利用冬季的冰雪环境，建设滑冰、滑雪场，开展冰雪项目，传承冰雪运动。也可以根据当地的民俗民风，建设一些具有鲜明地域性特征的少数民族传统体育场地设施，如键球、龙舟、武术、陀螺和射弩等，以传承和发扬少数民族传统体育文化。

（三）大学校园体育标志物应彰显大学精神

大学校园体育标志物是校园文化建设的重要内容之一，是一所大学体育文化的概貌，也是一所大学体育精神、体育理念和体育传统的集中体现，每一处标志性的体育物质设施都应该蕴含着丰富的体育人文元素和文化内涵，散发着人文、艺术与历史的气息，以"潜移默化"的方式，感染、激励和启迪着学生的体育心理与行为。

1. 体育标志物建设要彰显大学体育精神风貌

体育标志物的建设要彰显大学体育的精神风貌，表达一种独具特色的象征意义，并能够引起学生情感上的共鸣。

2. 体育标志物建设要承载大学的体育传统和体育精神

体育标志物建设要承载大学的体育传统和体育精神，创造和烘托某种主题寓意，以感染、暗示和激励学生。在北京体育大学的"冠军园"中，当你站在"现代奥林匹克之父"顾拜旦全身坐像雕塑前时，很难让人不去联想他对奥林匹克运动事业发展的突出贡献，他笔下那美丽的诗篇"体育颂"和他用一生的时间所传播的奥林匹克精神和理念；而当你横穿"冠军园"，走在冠军路上，看见每一块铺在脚下的方砖上都印有北京体育大学历届获得世界冠军或奥运冠军学生的脚印时，使你不由自主地感受着这所大学的辉煌与荣耀，身为其中一员的骄傲与自豪，坚定了脚下的任何一个成就都是你努力学习的奋斗目标。

3. 体育标志物设计要反映大学的体育理念

体育标志物建设要反映大学的体育理念，折射大学体育的使命观、育人观和发展观，引导学生的体育价值追求和向往。例如，清华大学"为祖国健康工作五十年"的体育口号在提出之时响彻清华园的各个健身场所，现在这句响亮的口号被刻在东大操场的墙壁上，成为广大师生信守的格言，至今仍激励着成千上万的清华学子，积极参与体育锻炼，为祖国繁荣昌盛而奋斗。

（四）利用资讯媒介滋养广博的体育文化知识

在影响大学生体育认知、体育态度和体育行为的诸多因素中，相关程度最大的是大众传媒，其次是同伴、父母、社区宣传。大学生接触的主要媒介就是校园资讯媒介，它是影响学生体育态度与体育行为最重要的因素，因此，校园体育资讯媒介不应该仅仅是播报体育新闻资讯，还要经过精细的选择与加工，宣传先进的、优秀的体育文化，使学生全面地了解和认识体育，提高体育的认知水平，树立正确的体育价值观念。

1. 体育资讯媒介建设要满足学生多元化的体育兴趣爱好

孔子曰："知之者不如好之者，好之者不如乐之者。"学生通过校园体育资讯媒介获取体育知识、了解体育文化内涵，是一个社会学习的过程，社会学习过程的实现，最重要的因素是满足学生学习的需要和兴趣，这是社会学习动力系统中非常现实的内在驱动力，只有准确地把握学生的需求和兴趣，有针对性地选择与加工体育资讯媒介所传播的信息，才能激发学生学习的积极性和自觉性，使社会学习成为一种日常生活的习惯。

目前，我国高校校园网络普及率几乎达到100%，已经成为宣传体育文化的重要渠道之一，这为校园体育资讯的传播提供了极好的平台。虽然国内的大学都设有专门体育网站，但几乎都没有得到很好地利用，多数以展示"部门概况""教学""科研"和"竞赛"资讯为主，方便教学管理或是以吸引招生为主要目的，学生和教师互动的平台很少。对此，近年来也有不少学者研究建议，大学校园体育网络平台建设应该充分发挥服务广大师生，传播时事资讯和稀缺资源共享的功能，尤其是在服务广大师生学习与交流方面，应该设置一些"主题式"的资源共享平台和交流互动空间，如筛选一些经典的体育赛事录像、运动项目教学与训练的视频、大学生健身运动处方、专门的体育频道、一些以体育为题材的励志影片、建设体育主题论坛平台以及精选一些具有启发性和教育意义的体育时事新闻等网络资源；设置师生交流互动空间，可以定期上传体育时事资讯、典型体育道德风尚的案例、体育运动健身常识、运动损伤防范知识、反馈学生体育锻炼中遇到的问题等内容，并围绕相关问题展开讨论，吸引学生关注体育，认识和热爱体育，养成终身体育意识和体育锻炼的习惯。

2. 体育资讯媒介建设要让学生能够全面地了解和认识体育

体育已然成为当今社会政治、经济、教育、文化、科技和军事等发展的缩影，三大门类中的基础学科，包括数学、自然科学、哲学和社会科学等在体育领域里都得到了广泛的应用和发展，反映着社会的方方面面，如果将体育仅仅局限于课堂教学，那么必然会导致学生对体育的认知片面，甚至歧视和远离体育。所以，有效利用校园体育资讯媒介是让学生全面地了解和认识体育、提高学生体育认知水平的重要渠道。如校园广播可以精选一些体育对促进政治外交、经济繁荣、教育改革和军事发展的报道，使学生全面地了解体育的社会功能和价值；图书馆可以添加体育类图书、杂志、报纸、音像制品的种类和数量，使学生深入地了解体育在自然学科、社会学科方面的知识和内容；在体育宣传栏中，除发布校园体育赛事信息以外，重点突出体育保健知识、运动健身处方以及体育运动对人的身心健康和社会适应的促进作用，普及体育健身常识，提高学生的体育认知水平。

3. 体育咨询媒介建设要适时传播优秀的体育精神，弘扬奥林匹克文化教育

《奥林匹克宪章》中明确指出，奥林匹克赛事的着眼点不仅是取得辉煌的运动成绩和对身体极限的突破，更重要的是谋求把体育运动与文化教育融合起来，创造一种努力追求欢乐、发挥良好榜样的教育价值并尊重基本公德原则为基础的生活方式。

然而，在现实中，人们对奥运会的热情还只是停留在感性的层面，为它的氛围和视觉情节所吸引，根本谈不上对奥林匹克精神的领悟。因此，应充分利用校园宣传媒介，在奥运会或国际重大赛事期间，以历史、人物或是事件，来宣传奥林匹克的友谊、团结和公平竞争精神，以及体育竞赛中超越自我、拼搏奋斗、坚韧不拔、集体主义，爱国主义等体育精神，以达到弘扬奥林匹克运动文化教育的目的。

第二节 传统体育的精神文化内涵

精神文化层是民族传统体育文化最核心的层面，是其发展的根源动力及精神支撑。民族传统体育文化的精神文化层与社会主义核心价值观紧密联系，其包含的价值观念、思维方式、宗教情绪、民族性格、审美情趣、道德情操等，与"富强、民主、文明、和谐"息息相关。具体而言，可概括为爱国主义、勤劳勇敢、自强不息、爱好和平、公平正义、谦和礼让、勇于创新等维度。如岳飞的精忠报国、霍去病抗击匈奴等英雄事迹均展现了习武之人的爱国热情，正如《左传·襄公十四年》记载"将死不忘卫社稷，可不谓忠乎?"武术谚语"冬练三九，夏练三伏""太极十年不出门"，展现了武术人自强不息、艰苦奋斗的高贵品质；键球与民族健身操等集体项目，则体现出民族传统体育文化的团结、公平、正义之精神气度。

一、传统体育精神文化的内涵解读

精神文化，是文化的核心和灵魂，是不同类型文化的标志。它居于文化结构的内层，是最稳定、最保守的层面。通过对民族传统体育精神文化中价值观念，思维方式，审美情趣、民族心理等部分的分析与研究，是民族传统体育真正地走向现代化的重要保证。

（一）注重人与自然的和谐统一

受传统的农业经济的影响，人们在处理人与自然之间的关系的时候，为了使这种关系得到最有效，最合理的处理，通常都会法天地，法四时。受此哲学观的影响，民族传统体育注重以整体的概念描述人体运动过程中形态、机能、意念、精神诸方面的活动，以及这些状态与外部世界的联系。

民族传统体育不主张事物的极限发展，没有对自然躯体的支配欲，强调人与自然的和谐，在宁静，冥想中悟道。中国传统体育的代表项目气功、太极拳等都是"以心会意，以意调气，以气促形，以形会神"，在意念的主导下，通过意识与肢体的活动使"心灵交通，以契合体道"。它借助于人体内部物质系统的信息流、能量流去维持与外界时空环境的有序活动，进而调节机体的新陈代谢，保养生命。锻炼过程中多采用基本功练习与完整练习相结合的方法，体现了中华民族追求平衡和顺其自然的思维方式。

（二）守内、尚礼、恋土的民族情结

中国体育的民族心理特征主要表现在：从体育原理上体现出中华民族追求平衡和顺应自然的主体化思维方式；从技术特点上，反映出中华民族以智斗勇，追求技巧的审美心理；从竞赛规则上，中国传统的比武通常是表演性的，没有具体的动作规定和比赛规则，交手过招中强调礼让为先，点到为止，不战而胜，心服而已，反映了中华民族守内、尚礼的人格倾向；中国象棋的"将、帅"只能活动在"九宫"之内，不得越雷池半步。在对弈的攻守进退中，依靠"仕、相"的护卫，坐镇宫中"站、走、移、挪"，反映了"帅不离位"、恋土归根的农业民族心理。

劳动过程中的各种思想物化品为民族传统体育的产生、发展奠定了物质基础，这是民族传统体育文化内涵中最高层次的部分。而文化成果又是建立在生产资料和生活资料的物质劳动过程中，其技术、社会和价值方式都作为相当复杂的文化体系而存在。民族传统体育作为人类社会一项特殊的文化活动方式，必然脱离不开社会的联系而受制于社会，永远是物质文化的产物，离不开社会政治，经济、文化等现象的制约和影响，并为一定的社会关系所包围。同时，民族传统体育活动当中的民族意识、文化心理、哲学思想、价值观念、宗教信仰、伦理道德规范、审美心理，又是反映人类精神生活领域的文化，成为民族体育文化的核心部分。

（三）重贤重教，以柔、静为美

中国古代以孔孟为代表的文化是一种阴柔文化。它要求人们在思想上"乐而不淫""哀而不伤"和"心宁、志逸、气平、体安"，在做人上多"隐"，使情感含蓄而不外露。所以说中国古代文化追求静极之物。

太极是万物之体，万物的最高之母便是静态中的太极。太极拳理论、气功文化皆追求静和自然。这种静态变化，追求内在美高于外在美，静态美高于动态美，追求封闭的系统胜于开放的系统。在中国古代传统体育中，温文尔雅的太极拳，导引养生，围棋等源远流长，经久不衰。太极拳要求"形不破体，力不尖出""有退有进，站中求圆"，技术动作趋向于"拧、曲、圆"的内聚形态。技击交手中讲究"声东击西，避实就虚，守中有攻，就势借力""牵动四两拨千斤"，这些都反映了中华民族以智斗勇，追求技巧的审美心理。

（四）思想观念及理论体系

人们生活在社会上并不是绝对自由的，在参加各项活动的过程中都会受到一定的约束和限制，同时也会受到一定思想观念的指引，体育学科就是在这样的思想观念指引下形成的。如体育经济学研究体育经济现象及规律；体育史学揭示人类体育运动的发展历程与规律；体育社会学阐释体育与人类社会的各种关系等。以上这些都属于体育精神文化的重要形式和内容，它对于体育文化的发展起着重要的推动作用。

二、传统体育精神文化的呈现形式

体育精神文化的内容与呈现形式是多种多样的，通常情况下，主要呈现出以下几种形式。

(一) 认同感

在一项民族传统体育文化项目中，往往蕴含着浓重的民族认同感和自豪感。所谓的民族认同感是一个民族内部相互依赖、相互亲近，并自觉地拥护着相近的价值观、伦理道德和审美情趣，它为该民族成员提供了归属感和安全感。民族传统体育活动中含有强烈的民族认同感，它以一种体育文化的形式充当民族情感纽带的角色。同时，民族传统体育活动具有鲜明的身体表征属性，通过体育互动，人们进行充分的情感交流、思想交锋，从而不断增进相互间的了解和理解，达到培养民族认同感的显著效果。

(二) 各种体育精神

1. 集体主义精神

体育活动中人与人之间的交往非常频繁，不仅是运动员本身，还涉及了整个团队，例如集体项目中的互相配合、陪练、医疗团队；个人项目也需要教练协助、医疗团队等的配合，这体现出集体主义精神。体育精神文化倡导的集体主义精神具有其特殊内涵，很多都是"无名英雄"，可以登上领奖台、享受掌声和鲜花的运动员是有限的，一些默默付出的陪练、队医、教练员属于"背后英雄"，正是他们牺牲小我、成全大我的精神协助运动员取得了佳绩，这就是集体主义精神的体现。例如我们熟悉的"女排精神"，2019 年中国女排在世界杯上取得十一连胜的佳绩，再次获得世界杯冠军，郎平教练作为老女排主力率领新女排登上最高领奖台，女排姑娘们继承女排老将们不服输、敢打、坚持到底的精神，用精湛的技战术配合战胜对手，为祖国赢得了荣誉，这离不开陪练、队医、营养师等团队配合，体现了体育精神的团队价值。

2. 公平竞争精神

体育运动倡导的是公平原则，这也是奥运会精神之一，它体现了种族公平、性别公平等原则。为了保证体育运动的公平性，体育赛事会制定详细的规则，制定诚信、公开、公平的竞赛制度，严厉打击兴奋剂、消极比赛等不良竞赛行为。例如现在竞技体育赛事采用了全程视频监控技术，允许运动员挑战"鹰眼"对裁判判罚进行验证；制定严格的兴奋剂测试规定，甚至会在赛事结束以后的 2~3 年内对运动员尿液进行复检。这些制度都是为了保障赛事的公平竞争，所有参赛者都处在同一水平线开展竞争，选手可以根据自己的身体状况自主选择退赛、自主报名竞赛项目，以参赛运动员最终成绩作为参考，不以种族、国家等作为参考，充分体现了公平、公正原则。

3. 人本精神

人本主义精神是体育精神文化的基础，人是体育运动的主体，体育精神文化不仅重视比赛成绩，更加注重运动员的精神状态、运动体验，注重运动员全方位的成长。我们可以根据自己的兴趣爱好选择运动项目，根据自己的意愿参与体育赛事，这充分体现了体育运动对人的尊重。我们在运动赛事中不仅可以看到运动员之间激烈的竞争，欣赏运动员精彩的技能展示，还可以看到运动员之间的尊重和惺惺相惜。我们在运动过程中不仅可以感受身体素质的提高，感受运动蕴含的生命力，还可以提升自身的精神状态，变得更加积极向上、乐观自信、敢于挑战，这对个人发展是非常有利的。

4. 刻苦拼搏精神

竞技体育最大的魅力就在于奋勇拼搏、挑战极限，这也是最吸引观众的一大卖点。刻苦拼搏精神是体育精神文化的突出代表，优秀成绩背后都是运动员刻苦训练、忍受伤病的汗水和泪水，数十年如一日的刻苦训练，为国争光的信念让他们坚守在赛场上。例如我们熟悉的中国乒乓球队，很多队员都是从几岁开始学习乒乓球，每天坚持十几个小时的训练，一天挥拍上万次，为中国乒乓球队取得了辉煌的战绩。这些队员们的身上就体现了刻苦拼搏精神，坚持日复一日的刻苦训练、直面苦难和挫折、服从团队安排，提升自身竞技水平，这种拼搏精神对我们普通人同样适用，面对人生考验，要敢于挑战、坚持到底、努力实现梦想。

（三）体育艺术文化

体育艺术文化是指体育活动中依附的科学、心理、道德规范、科学、哲学、审美观念、文学艺术等思想意识形态的总称。

人类在改造世界的过程中，还存在着精神物化的产物。如体育小说、体育电影等都属于这一类。这一类体育艺术文化属于体育精神文化的重要内容和形式，在体育事业发展的过程中也起到了非常重要的作用。这些内容也属于人们意识形态的集中反映，属于体育精神文化的重要组成部分。如传统武术号召人们修身养性，就属于体育精神文化的具体体现。通过武术这一独具魅力的体育艺术，人们能获得极大的心理享受。

三、传统体育精神文化的多种特性

体育精神文化有着丰富的内涵，其发展过程也呈现多种特性。

（一）沟通性

发展到现在，体育文化得到了很好的传承与发展。而体育文化的传承与发展需要一定的途径，其中笔录书写、语言交流都是非常重要的途径与手段。随着现代科学技术的发展和进步，多媒体传播途径利用的也越来越频繁和普及。体育文化在传播的过程中，在很大程度上是传导体育主体精神和意识，这是体育精神文化发挥功用的重要方式之一，同时也体现出重要的沟通性特点。

（二）内视性

随着体育运动的不断发展，体育精神文化的内涵也日益丰富。同时人们对体育文化的理解也更加深刻。可以说，人们对体育文化或某种体育现象的评价或者对体育文化的欣赏构成了体育主体精神的内视领域，这突出体现了体育精神文化的内视性特点。

（三）积累性

在体育文化的各种特性中，积累性也是非常重要的一个方面。优秀的体育精神文化的传承推进体育文化的进步，落后的体育精神文化则会阻碍体育文化的发展。在整个体育文化发展的长河中，这一积累性的特点非常明显，对于体育工作者而言要十分重视这方面的特点，加强其研究，促进体育文化的不断发展。

四、传统体育精神文化价值

（一）有利于发扬我国传统美德

体育精神文化中蕴含了中华传统美德，在历史长河中成为民族体育精神的代表。随着我国成功举办 2008 年北京奥运会、2022 年北京冬奥会，中国正在向体育强国迈进。中国运动员身上不抛弃、为国争光、刻苦训练等体育精神体现了爱国主义、家国情怀，体现了中华体育精神特色，传承体育精神文化，更是传承传统美德，我们要积极参与体育运动，弘扬传统美德，展现中华体育精神。

(二) 有利于践行社会主义核心价值观

随着二十四字社会主义核心价值观的落实，我国精神文明建设进入了新的发展时期，弘扬爱国主义、倡导爱岗敬业、弘扬社会正能量等成为文化建设的新主题。体育精神文化和社会主义核心价值具有异曲同工之妙，都在倡导爱国、奉献、爱岗敬业，运动员是一个特殊的职业，为祖国争创佳绩就是一种爱国体现，坚持刻苦训练就是职业操守的展现，可以展现体育精神在培养良好道德品质上的作用。我们可以通过弘扬体育精神文化来推进社会主义建设，例如可以展示优秀运动员奋斗事迹、北京冬奥会备战、传统体育文化等，让更多人了解体育精神、了解体育文化，弘扬爱国主义，人人参与到基层体育建设中，加快我国体育事业发展。

(三) 有利于加快"中国梦"建设

弘扬中华体育精神，建设世界体育强国是"中国梦"的重要内容，我们每一个人都是"中国梦"的建设者。体育精神可以鼓励我们挑战自我，积极参与全民健身运动，参加"健康中国"活动，例如城市马拉松、自行车、篮球等，弘扬传统体育精神，树立"健康第一"和"终生运动"的理念。体育精神文化可以推动基层体育文化事业发展，例如全面健身活动、校园足球推广、冰雪文化宣传等活动，让人民参与到"中国梦"建设中，升华爱国情感。随着"健康中国"理念的深入人心，越来越多人积极参与到运动中来，积极了解民族体育、关注中国体育赛事发展，这对普及运动技能、体育精神文化是大有裨益的。

总之，体育精神文化是传统体育发展的结晶，我们在体育事业建设中要注重挖掘体育精神文化内涵，把运动技能、精神文化、传统美德融为一体，加快体育强国建设步伐。体育精神文化对基层体育事业发展、"中国梦"建设、弘扬社会主义核心价值观都具有重要意义，值得每一个体育工作者学习和感悟，推动我国体育事业发展。

第三节 传统体育的制度文化内涵

在体育文化体系中，制度文化也是非常重要的内容。体育制度是体育运动顺利发展的重要保障，二者相互推动。体育制度文化在发展的过程中也呈现出多种形式与特性。

一、传统体育制度文化的内涵解读

民族传统体育文化的制度层次是指少数民族传统体育活动的各种社会风俗习惯、传统礼仪规范、组织制度、宗教习俗等。例如每项民族传统体育项目往往都有其独特的风格和仪式，这些仪式本身并不参与体育运动比赛的竞赛，但是却和竞赛一样重要，其规则程序非常严格，必须遵照既有的形式一步步进行。并且，这些仪式包含着重要的文化象征意义，因此不能马虎和敷衍，这也是民族传统体育文化的一个特色。

二、传统体育制度文化的呈现形式

随着时代的发展和进步，体育文化的内容和形式也不断完善，体育制度文化也日益发展和完善。发展至今，体育制度文化的内容主要呈现出以下几种形式。

（一）各种体育组织机构

体育运动之中涵盖着各种要素，这些要素相互配合，相互促进，共同推动着体育运动的发展。在整个体育系统中，体育组织机构的作用非常重要，它在一定程度上推动着体育文化的可持续发展。体育活动属于人类改造自身、促进社会发展的活动，其发展离不开运动竞赛组织、各种官方或民间的体育组织等机构，因此这些组织机构都属于体育制度文化的重要内容。随着体育运动的进一步发展，这些组织机构也越来越完善，其内涵也更加深刻和丰富。

为推动体育事业的不断发展，体育组织机构的建立与完善是非常有必要的。体育工作人员要非常重视这一方面的建设。在建立体育组织机构前，首先要做好充分的调查与准备，要结合当时的社会背景，深入了解某项活动成立组织机构的重要性、必要性及需求，这样才能设置具有针对性的体育组织机构，为体育文化的发展提供良好的保障。

（二）人的角色、地位

人们生活在社会上，出于各方面的需要而扮演着各种各样的角色，这种角色扮演对于一个人的发展是十分重要的。在体育运动中，也存在着不同的角色，如比赛裁判、教练员、运动员等，还存在着各种比赛赛制，这些都属于体育制度文化的重要内容。与一般的社会角色相比，运动员在比赛场上承担的角色具有更大的自由性和灵活性，如在足球比赛中，门将被红牌罚出场，在换人名额充足的情况下可以换上其他门将，如果没有换人名额则可以由场上其他队员替代，由此可见运动员在比赛场上的角色转换具有很大的自由性。

运动员在比赛场上扮演着多种角色，需要注意的是，这些角色的转换需要把握一定的原则，如技艺不高或号召力不强的运动员难以承担队长的职责。通常情况下，体育比赛制度是固定不变的，但在某些特殊情况下也会因各种客观因素而改变，在这样的情况下，运动员的角色也可能会发生相应的变化。

（三）各种体育原则及体育制度等

在体育文化不断发展的过程中，各种体育组织机构、体育组织制度扮演着十分重要的角色，正是在这些机构与制度的推动下，体育文化才得以不断发展。这些组织机构、体育原则与体育制度也属于体育制度文化的重要形式和内容。

随着体育运动的不断发展，出现了大量的体育制度和体育组织机构，如运动训练管理制度、运动竞赛制度等。要想保证体育赛事活动的顺利进行，建立一个健全和完善的体育体制是尤为重要的。为促进我国体育文化的发展，我们需要结合时代发展的背景做好体育制度的改革，建立健全一个完善的体育制度体系，为体育文化的发展提供良好的保障。

如今体育运动进入了一个前所未有的快速发展的阶段，体育制度文化的内容也越来越丰富。如奥运会，足球世界杯、田径世锦赛等，这些比赛在世界上的影响力都非常大，了解与熟知这些体育赛事的人也越来越多，这充分表明体育制度文化强大的影响力。

三、传统体育制度文化的多种特性

通过对体育制度文化的研究发现，体育制度文化主要呈现出以下几个方面的特性。

（一）俗成性

在体育制度文化发展的过程中，有一些制度是在长期的发展中约定俗成的，约定俗成性是体育制度文化的一个非常重要的特点，参加各种体育活动的人群是集体无意识的。我国民族众多，各个民族都有自己的特色体育文化，这些民俗体育就基本呈现出约定俗成的特性。

（二）内化性

体育制度文化的内涵非常丰富，其作用也是十分明显的。在体育文化发展的过程中，某些体育制度文化可以内化深入个人的意识，促使人们产生积极的自觉行为。如在足球比赛中，一方球员受伤倒地，对方将球踢出场地，在受伤队员返回场地后主动将球送回对方。双方运动员的这一表现就充分体现出体育制度文化的内化性特点。

（三）连续性

体育制度文化的内容并不是固定不变的，而是随着时代的发展和变化而不断向前发展的。在发展变化的过程中，其中一些重要的内容会得到不断的传承，如古代奥运会中的一些比赛规则，至今还能见到其中的影子；足球比赛中的越位规则一直沿用至今，对足球比赛产生了极为深远的影响。

（四）时代性

体育文化的内容和内涵都非常丰富，表现在体育制度文化方面也是如此，随着时代的发展而不断发展，呈现时代性的特点。

四、学校全员体育制度的创建

（一）树立"学校全员体育"的理念

若要培养出健康、强壮、灵敏、机智、勇敢，既善于克服困难，又卓有信心正视前面的人，体育和运动乃是很重要的因素。学校体育工作与德育工作在科学性、方法上、评价上有许多相通之处。教育家陶行知说："教育就是培养习惯。"

教师是教育的主体、除体育教师对学生的体育锻炼技能进行技术指导外，其余教职工也应该尽可能参与到组织、保护学生参与体育锻炼的工作中，或者在思想意识上引导学生在体育锻炼中磨炼坚强、团结、奋进、拼搏的意志品质，或者在参与活动中给学生讲解体育运动员为国争光的奥运精神；讲解观看国际赛事的点滴体会；讲解体育动带来的快乐等故事和精神，所有教师在积极参与体育运动的同时无形中引导学生爱上体育运动。总之，教师全员参与学校体育工作是做好学校体育工作的重要资源。

（二）创建全员体育组织体系

教育的关键是要养成良好的习惯。像学校智育、德育工作一样，教职工应全员参与学校体育工作。这里先要转变"学校体育工作是体育教师的事"的错误认识。实践中建立健全学校体育管理机构及体育师资队伍。

1. 明确学校体育工作领导小组及成员分工

为确保学校体育工作的全面实施，学校必须建立明确的领导小组。比如，校长任组长，全面指导学校体育工作，规划体育思路；主管体育工作的副校长任副组长，主要负责制订学校体育工作计划，挖掘利用促进学校体育发展的各种可利用资源，和学校教师一起组织学生开展丰富多彩、富有成效的体育活动；教学主任、德育主任及各院校校长任组员，教导主任负责学校体育课堂教学指导，指导体育教研组开展教学研讨、评优、基本功培训等，使本校体育教研特色化、具体化，增强实效性；德育主任负责体育教学中学生良好意志品质的培养，以"三结合"教育培养学生良好体育锻炼习惯的形成，使学生在家长、学校社区的立体监督下，促使体育锻炼习惯成为健康生活方式的一部分。

2. 明确学校体育教研组及职责

学校体育教研组成员由体育工作主管领导教导主任、德育主任和所有体育教师组成。体育教师中选拔业务强、组织能力强的教师为教研组组长，他的职责是根据学校体育工作领导小组关于体育工作的指导思路，制订体育教研组工作计划，组织体育教师开展学校体育教研活动，组织学校体育常务工作。每一位体育教师作为学校体育工作的核心力量，要求做好本校体育常规工作，并且积极参加学校体育教研，科研活动，严格遵守国家及学校各项体育工作制度，认真上好每节体育课，指导学生科学参加体育锻炼，配合班主任开展增强学生体质的班级竞赛及体育课外活动的组织工作。

3. 明确学校体育工作成员

学校体育骨干应认真学习《中共中央国务院关于加强青少年体育增强青

少年体质的意见》《学校体育工作条例》《国家学生体质健康标准》等国家体育政策法规知识,和学生体育锻炼技能、技术指导等知识,按照学校体育工作要求,确保学生每天锻炼一小时,把提高学生身体素质作为班主任工作的重要组成部分。

综上所述,体育教学博大精深,我们教师应该顺应新时代的潮流,努力创新,认真研究,做好学生人生道路的引路人。

第三章　传统体育项目

传统体育的产生源于人们的需要，由于原始社会生产力极其低下，生活环境对人的制约很强。而在不同地域环境的基础上，各民族又形成了各自不同的民族习惯，所产生的民族传统体育活动也风格各异。民族传统体育的项目丰富多彩。

第一节　传统体育项目的形成及分布

一、民族传统体育运动项目的形成

我国民族传统体育内容非常丰富。《中华民族传统体育志》中记载，我国少数民族传统体育项目有 676 项，汉族有 301 项。发展到现在，很多的民族传统体育项目已走出国门，如武术、龙舟、气功、风筝等项目。

因此，可以按照民族传统体育的发展变化的程度，也就是按照它到现在的发育形态来了解其形成过程。

（一）"化石"型

是指民族传统体育项目保留其原始的内容和形式，在古代盛行，而在近代已基本消亡的一些体育项目，像曾经在古代军队和民间都广泛开展的蹴鞠活动、木射、击壤以及投壶等项目。这些民族传统体育项目尽管已不可能再次出现在世人面前，但它如同"木乃伊"一样，具有一定的历史价值，可以为民族传统体育的现在和未来的理论研究提供史学资料。

（二）原始型

是指民族传统体育项目相对其起源在内容和形式上无明显改变，大多数保留有较多的早期原始风貌，往往附属在祭祀或红白喜事的遗俗或是各种节日庆典中，处在原始文化的混沌状态下，尚未分化为独立的社会活动。像少数民族各类自娱舞蹈以及狮舞、彩莲船、连笸等民间技艺。体艺结合的中华民族传统体育项目，是与现代体育项目最明显的区别之一，加强对这一类型项目的研究，将会对民族传统体育理论的特色性提供直接的素材。

（三）发育期型

指民族传统体育项目相对其早期形式有所改变，一般都无严格的规则，随意性强，缺乏统一的管理，处在自生自灭的状态下，但经过改造也可以形成一定的操作规则。这一类型的民族传统体育项目，多散见在各地的传统游戏活动和一些民风民俗活动中，与生产、生活结合较紧密，像各类民间儿童游戏与成人的闲暇娱乐，诸如扭扁担、推竿、蹲斗、打陀螺等。我国多数民族传统体育项目是属于这一类型的，研究和开发这些体育项目，对探索民族传统体育的发展进程及与各民族发展的关系，提供直观和有说服力的依据，可以补充民族传统体育基础理论。

（四）较成熟型

较成熟型可以分为两种情况。

一是指民族传统体育项目较其早期形式或内容有一定的改变，经过进一步的挖掘和整理，制定了相应的规则，但并不十分成熟尚待完善。多数项目已在全国、省、市一级的比赛中出现，是本民族具有代表性的传统体育项目，由本民族的体委（体育局）或是其他部门统一管理。这一类型的民族传统体育项目，多是融体育和艺术于一体，具有很高的艺术欣赏性，并充分体现出本民族的特色。第六届全国少数民族传统体育运动会上 150 多项的表演项目，就是很好的例子。

二是指那些一直发展至今，但在形式和内容上无明显改变，有自己独特的练习手段与原理，但在总体上还未被现代科学所认识，尚处在"前科学"的发展阶段，一般秘而不传，具有凝固性与封闭性的特点，如一些养生的气功等，社会化程度较低。这一类型的项目与前 3 种类型，大不相同，已初具规模，并将逐步地得到社会的认可。总结这些项目改造的经验，形成理论，可以推进发育期型体育项目的发展，并带动原始型体育项目的改造，完善民族传统体育理论。

（五）成熟型

成熟型可分为两类：一类是指民族传统体育项目与早期形式有显著的改

变，并已经过实践的检验，冲破了民族的樊篱和区域的限制，成为整个中华民族的体育项目，已经融入现代竞技体育之中，诸如武术、摔跤、龙舟、围棋、象棋之类的项目。这些项目具有一系列规范的操作原则，各种形式和各种类型的比赛定期举办，有的已经成立了国际单项组织或是其成员逐步进入到世界体育的范畴。另一类是一些经过整理改造后的传统健身术，流行于中老年之中，社会化程度较高，（但并没有专门的管理部门），像木兰拳、木兰扇等，也已成为我国现代体育中的一部分。对这一部分的研究理论可以促进民族传统体育理论现代化体系的形成。

以上是传统体育形成过程中的不同形态，可以随着民族传统体育的发展变化，调整其相关的内容体系，对民族传统体育项目的发展做到整体把握，有的放矢，有助于促进其理论的成熟和发展。

二、民族传统体育项目的分布

在我国的版图上，分布着 56 个民族，55 个少数民族以"大杂居、小聚居"的格局分布在我国 64% 的疆土上，而且主要分布在我国的偏远地区，交通不便、居住分散、土地贫瘠、资源缺乏的生存环境使其体育文化具有明显的地域性特征。随着人们认识能力的提高，地域的内涵也在不断地延伸，可以将民族传统体育项目分布划分为八大区域。

（1）东北地区，包括辽宁、吉林、黑龙江三省。

（2）西北地区，含甘肃、青海、宁夏新疆等省区。

（3）西南地区，含四川、云南、贵州、西藏、重庆等省市区及陕甘之秦岭以南地区。

（4）中原地区，含陕西、山西、河南、山东、河北、北京、天津等省市。

（5）长江中下游地区，含湖北、湖南、江西、安徽、江苏、上海等省市。

（6）东南沿海地区，含浙江、福建、台湾等省。

（7）岭南地区，含广东、广西、海南、香港、澳门等省区。

（8）内蒙古地区。

（一）东北地区

东北是我国的老工业基地，工业历史悠久，被誉为新中国的"工业摇篮"。随着振兴东北老工业基地规划的推进，东北三省将成为继珠江三角洲、长江三角洲、环渤海地区后的第四大经济区。东北这片广袤的黑土地，养育着不同民族人民，无论是农耕一族，还是游牧之民，都在这里创造着自己独特的民族文化。

1. 区域地理环境

东北指山海关以东的辽宁，吉林和黑龙江三省，这里是一度入主中原的辽、金和满族等少数民族的发祥地，面积约占我国陆地总面积的 8.2%。该区的地形特点是三面环山、平原中开，是我国森林面积最大的区域；该区的冻土广泛，沼泽面积较广，属于温带湿润和半湿润大陆性季风气候，同时也是中国纬度最高、气候最寒冷的地区，位置独特，地理单元完整。东北地区东部与南部濒临大海，西部是广阔的蒙古草原，北部是冻土荒原，与四周地理环境的差异和隔绝，历史上的东北地区具有自成一个独立的半封闭地域空间的特征。

2. 区域内主要少数民族

该地区聚居着汉族、满族、朝鲜族、达斡尔族，赫哲族、鄂伦春族、鄂温克族、蒙古族、锡伯族等多民族人民。

锡伯族是北方古老的游牧民族，也是我国人口较少的民族之一，主要分布在新疆伊犁地区的察布查尔锡伯自治县和辽宁、吉林等省。锡伯族是古代鲜卑人的后裔，他们最初游牧于大兴安岭东麓，世代以狩猎、捕鱼为生。由于长期从事渔猎生活逐渐形成了勇敢善战的民族性格，也具备了适应自然环境的各种能力，其中，摔跤、射箭、赛马等搏击性强的技能成为锡伯人战胜自然获得荣誉的证明。他们可能是目前世界上唯一保留着鲜卑文化的少数民族。满族现居住地分布于全国各地，其中以居住在辽宁省的人口最多，其他散居在吉林、黑龙江、河北、内蒙古、北京等省市。鄂温克族主要分布在黑龙江省讷河市，是我国人口较少的少数民族之一。鄂温克意思是"住在大山林里的人们"，大部分鄂温克人以放牧为生，其余从事农耕，驯鹿曾是鄂温克人唯一的交通工具，被誉为"森林之舟"。鄂伦春族游猎于大小兴安岭茫茫林海之中，以兽皮当衣服，世世代代就靠着一杆枪、一匹马、一只猎犬，一年四季追逐着獐狍野鹿，狩猎在茫茫的林海之中，长期的狩猎、斗争和娱乐生活形成了独具特色的鄂伦春族体育文化。赫哲族是我国北方人口较少的民族之一，赫哲族世代居住于黑龙江、松花江和乌苏里江的三江流域，以渔猎为生，被称为"鱼皮部""使犬部"。

3. 区域内的主要民族传统体育项目

首先，由于东北独特的自然和生态环境，加上该区域民众生产与生活方式的不同，形成了鲜明的东北特色体育文化，如冰雪运动是东北地区独具特色的运动项目之一，还有叉鱼、托日乞（狗拉雪橇）、挡木轮、滚木轮、滑雪、玩冰磨、冰球、冰陀螺、冰雪游戏等。

其次，东北地区多丘陵、山地、草地，最适合马的驰骋，所以古代的东北地区少数民族将马视为主要的交通工具和生活伴侣，对马尤为钟爱，由此形成了许多马上运动项目，如赛马、套马、骑驰、骑射、马球、倒骑等。

（二）西北地区

西北地区是世界文明史上著名的丝绸之路必经地。举世闻名的丝绸之路，是一条自古迄今横亘于欧亚大陆间的商贸大道，也是一条东西方文化交流的大道，历来受到中国与沿线各国的重视。

1. 区域地理环境

西北地区是中国的内陆和亚洲的腹地，其范围是东部约以狼山、贺兰山西坡至河西乌鞘岭一线和内蒙古临界；南部与青藏区接壤；西起帕米尔，经昆仑山北坡、布尔汗布达山；东至日月山、拉脊山与华北区界相接。其自然地理环境的基本特点是海拔地势高，高原与高山、盆地相间分布，具有典型的大陆性气候特征，干燥少雨，气温变化剧烈，多风沙天气，除少部分地区为外流流域（属黄河流域）外，大部分地区为内流流域。该区域的生活方式比较鲜明，畜牧业是主业，中国的五大牧区除四川牧区外，其余几乎都在西北。

2. 区域内主要少数民族

区域内主要少数民族有回族、东乡族、维吾尔族、哈萨克族、撒拉族、裕固族、塔塔尔族、塔吉克族、土族、锡伯族、柯尔克孜族、乌孜别克族、俄罗斯族、保安族等。

回族在我国是一个人口较多、分布广泛的民族，在全国各民族中仅少于汉族、壮族、满族的人口，居于第四位；回族具有强健、勇武、好锻炼、不畏强暴的民族性格，自古以来，凡回族聚居的地方大都有尚武的习俗。

东乡族大多分布在宁夏回族自治区东乡族自治县境内，少数散居在甘肃兰州市和广河、和政、临夏等县。

维吾尔族主要聚集在新疆维吾尔自治区，大部分聚居在天山南。维吾尔族人能歌善舞，节日庆典时大家一起载歌载舞，并开展多种体育游戏。

哈萨克族主要分布在新疆维吾尔自治区，大部分从事畜牧业，除少数经营农业的已经定居之外，绝大多数牧民都按季节转移牧场，过着逐水草而居的游牧生活。

撒拉族是我国西北少数民族中五个"小民族"之一，主要居住在素有青藏高原"小江南"之称的青海省循化撒拉族自治县、化隆回族自治县和甘肃积石山保安族东乡族撒拉族自治县黄河谷地。

裕固族是甘肃省三个特有的少数民族之一，集中聚居在甘南裕固自治县境内和酒泉市黄泥堡裕固族自治乡。

塔塔尔族是我国境内人口较少的民族之一，主要分布在新疆维吾尔自治区的伊宁、塔城、乌鲁木齐市。

塔吉克族是一个游牧民族，大部分民间活动与新疆其他信奉伊斯兰教的兄弟民族大体相同，以善骑著称。

3. 区域内的主要民族传统体育项目

西北地域辽阔，由蒙新高原大部、青藏高原和黄土高原的一部分组成，这里深居内陆，都是高山、大川、荒漠，形成了相对独立的区域文化，孕育出丰富多彩的民族传统体育项目。

（三）西南地区

西南地区特殊的生态地理环境、经济文化类型、民俗节庆等造就了其独特的多元民族文化。

1. 区域地理环境

"西南"在今天的行政区地理上主要指四川、重庆、云南、贵州、西藏五个省、市、自治区，但在自然地理上的"西南"，则指秦岭以南的四川盆地、云贵高原及青藏高原等地理单元。中国的西南地区为内陆地区，除西藏地处世界屋脊——青藏高原外，其他地区多属于从青藏高原下降到低海拔的华中丘陵平原之间的过渡带，为中国地势垂直变化三大阶梯中的第二级阶梯。其大部分地区的海拔高度在 500~2000 米，境内的大部分地区都是山地与高原。从纯地理的角度看，西南地区并不是一个非常整合的区域，整个区域由多个地理单元组成，单元之间存在着比较大的差异。多山是西南地区一个十分突出的地貌特征，这一地貌特征对整个西南地区古代政治、经济、文化的发展和民族分布的状况均产生了深远的影响。因山地翻越艰难而阻碍了古代人们的交通和交流，将西南地区围合成一个相对封闭的地理单元和文化单元。

2. 区域内主要少数民族

西南地区主要少数民族有苗族、彝族、藏族、布依族、侗族、白族、哈尼族、傣族、傈僳族、仡佬族、拉祜族、佤族、水族、纳西族、羌族、景颇族、瑶族、布朗族、普米族、阿昌族、怒族、基诺族、德昂族、门巴族、独龙族、珞巴族等，自古以来一直都是多民族聚居地，其中云南有傣族、佤族、彝族、纳西族、白族等 26 个民族，几乎占全国少数民族人数的二分之一。

西南各民族所从事的是传统农业，在生产、生活方式上各不相同，文化也显现千姿百态。居住在半山区的民族，从事着梯田和旱地农业，过着较稳定的农耕定居生活；而居住在河谷和坝区的民族，则从事着水田农业。以高山区的瑶族为例，中华人民共和国成立前迁徙频繁，主要生产方式是采集，狩猎、刀耕火种，过着原始的游耕生活，住草棚，品酒御寒，这些文化现象都是与原始农业生产方式相适应的，并且具有本民族的文化特点。半山区的哈尼族用极简陋的工具在崇山峻岭和荆棘丛生的原始森林中，创造了让人叹为观止的梯田文化。纳西族创造了象形表意文字东巴文，其音乐亦负有盛名。彝族崇尚黑色，以黑色为美，以黑色象征尊贵。白族崇尚白色，以白色衣服为贵。各民族创造的独特乐器和形式各异、变化万千的舞蹈，洋洋大观，数不胜数，而一式一样、一点一滴都具有深沉的历史渊源。

3. 区域内的主要民族传统体育项目

西南地区地域辽阔，地面崎岖，气候差异较大，不同的生态环境造就了不同的经济生活方式，狩猎和农事是生产方式中最重要的内容，围绕狩猎而展开的体育项目主要有跑、跳、投、攀、射、骑等。

赛跑是西南少数民族经常开展的活动，普米族在转山会期间进行赛跑活动，苗族有穿针赛跑等活动。由于西南地区自然环境多为山地，所以登山运动十分流行，跳高在西南许多民族中也较为盛行，反映农事生产的如苗族的跳鼓，是根据犁田、插秧、割谷、挑担等各种姿势编成的，是反映丰收后喜悦心情的一种舞蹈。西南地区大多民族依山面水而居，水上项目也别具一格，"水文化"起主导作用，使得傣族传统体育表现出柔美、细腻、传情、祥和、修身养性等文化特质。西南地区民间武艺多种多样，有刀术、棒术、拳术等。马上运动也很普遍。

（四）中原地区

中原地区历史悠久，文艺繁盛，在中国文明发展史上占有举足轻重的地位，对中国古代政治、经济、文化的发展起了不可磨灭的作用。

1. 区域地理环境

中原地区大部分在黄河中下游，包括河南、河北、陕西、山西、山东、北京、天津五省二市。黄河是中华民族的母亲河，黄河及其支流穿越本区全境。作为中华民族的发祥地之一，区内华夏文明遗迹遍布，自然旅游资源丰富，是我国重要的旅游地区之一。

华北平原北临燕山，南至淮河，西抵太行山，东濒渤海和黄海，包括冀、鲁、豫三省大部分和京津地区，是由黄河、淮河、海河及其支流冲击而成的。这里地势低平，土壤肥沃，人口密集，交通便利。除陕西秦岭以南外，本区属于暖温带大陆性季风气候，主要特征为四季分明，冬冷夏热，春旱多风，夏热多雨，秋高气爽，冬寒少雪。

黄土高原是世界上黄土分布最集中、发育最典型的地区，黄土堆积厚度可达 100 米。黄土高原东起太行山，西至乌鞘岭，北起长城，南至秦岭，包括山西大部分和陕西中北部，由陕北高原和山西高原组成。多种多样的地貌造成区内地势起伏较大，总体趋势为自西向东由我国地势第二阶梯降至第三阶梯。

2. 区域内主要少数民族

中原地区实际上是一个以汉族为核心的民族大熔炉，有许多少数民族后来融入了汉族，也有一些汉族加入到了少数民族行列。陕西有少数民族人口约 20 万，如蒙古族、回族、满族，其中回族人口超过 10 万，满族、蒙古族、壮族和藏族超过千人，朝鲜族、苗族、侗族、土族、白族和锡伯族超过百人。

与其他地区相比，中原地区的历史文化积淀异常厚重，中原留下了帝王活动的历史痕迹，保存了颇具特色的民间艺术。

深受儒家思想影响的中原人特别注重与人为善、推己及人，建立和谐友爱的人际关系，反对恃强凌弱、以众暴寡、以富侮贫。由于中原地区在历史上曾长期是华夏政治文化中心，中原文化通过经济、战争、人口迁徙等众多渠道，不仅吸纳了周边多种文化中的优秀成分，而且将自己的文化辐射到周边地区。由于中原地区地貌上的差异，其内部不同地域空间的文化各具特质，古语有"秦汉以来，山东出相，山西出将"，反映了"崇文"与"尚武"两种迥异的文化心理，以及在不同地域风俗背景下形成的中原文化。

3. 区域内的主要民族传统体育项目

武术，摔跤、蹴鞠在中原地区是最受人民欢迎的体育活动。在宋代已有了使棒艺人，并成立了使棒艺人的专业组织"英略社"，社会上更有许多流浪江湖、使枪棒、卖膏药的艺人。到了明代，乡兵训练多是从"学拳入手"，明戚继光《纪效新书·拳经捷要》记述著名的拳种有宋太祖三十二势长拳、六步拳、猴拳、圆拳、温家七十二行拳、三十六合锁、二十四弃探马、八闪翻、十二短、吕红八下、绵张短打、李半天之腿、鹰爪王之拿、千跌张之跌、张伯敬之打等，此外还有各种兵器门派。

由于清朝对中原传统体育采用严禁方式加以限制，流传甚广的武术、马球、龙舟竞渡、相扑、捶丸等相继衰落或转入"夜藏行"，加之儒家重文治、轻武功，重修身、轻勇力的思想，在宋代以后很多人认为读书当官是最荣耀的出路，健身练武、立功边陲，并不受人称赞，因而使与武勇紧密相连的民族传统体育逐渐衰落。总之，中原是汉族的主要聚居区，该地区以其独有的地理环境和中原文化创造了形式多样的民族传统体育活动。

（五）长江中下游地区

长江中下游地区是我国人口最集中、农业集约化程度和综合发展水平最高的地区。农业资源条件优越，农村经济发达，农林牧渔各业在全国都处于举足轻重的地位。

1. 区域地理环境

长江中下游地区主要包括湖北，湖南、江西、安徽，江苏五个省及上海市。此地区位于北纬26°~34°之间，地处欧亚大陆东部，濒临海洋，海陆的温度、湿度等均有明显差异。因为离海较近，气候受海洋影响较大。

根据中央气象局的中国气候区划，本区大致自淮河以北为暖温带，长江中下游南部洞庭湖、鄱阳湖、杭嘉湖平原属于中亚热带，其余大部分地区为温带向热带过渡的北亚热带，四季温暖，干湿分明，光温水热条件较好，全年平均温度14~20℃。区内丘陵山地和平原盆地相间，平原上湖泊密布，是我国淡水湖泊最密集的地区，冬夏季风明显交替，降水量比较丰沛。

2. 区域内主要少数民族

长江中下游地区是我国人口最密集的地区，2005 年统计总人口为 36618 万，人口密度约达 374 人/平方千米，约为全国平均水平的 3 倍，其中农村人口 19953 万，占其总人口的 54.53%。

长江流域少数民族中，人口在 10 万以上的民族分别为土家族、苗族、彝族、侗族、藏族、回族、布依族、白族、瑶族、仡佬族、纳西族、傈僳族、羌族共 13 个民族。人口在 10 万以下的民族分别为蒙古族，满族、壮族，傣族，水族、普米族，其中普米族刚过 1 万人。土家族总人口为 8353912 人，2010 年人口普查资料显示，土家族在全国的 31 个省、自治区、直辖市中均有分布，主要分布在湖南省西北部（湘西土家族苗族自治州）、湖北省鄂西土家族苗族自治州、宜昌五峰土家族自治县、长阳土家族自治县以及四川省石柱、秀山、酉阳、黔江等县，与汉、苗等族杂居。长江中下游地区的少数民族具有强烈的祖先崇拜意识，丧葬中的歌舞活动也是较典型的民俗之一。

3. 区域内的主要民族传统体育项目

长江中下游地区的生态环境是地势低平、多江河湖泊、水道纵横、植物丰茂、夏多酷暑、冬少苦寒。这种生态环境和人们生产与生活的交互作用，表现为人们在生产和生活上与水具有密切的特殊关系，善种水稻、习水便舟，还有龙蛇崇拜和悬棺葬俗等。该区域内环境和生活方式塑造出的灿烂民族传统体育，主要有赛龙舟、潜水游戏、舞龙、踢毽子、跳绳等项目。

（六）东南沿海地区

东南沿海地区自古以来就是人民赖以生存和进行生产活动的重要场所，是对外交往的门户，也是国防的前哨。随着社会的不断发展，海岸带也逐渐成为当今世界经济、文化和科学的荟萃之地。

1. 区域地理环境

东南沿海地区地理条件优越，气候温和，河网纵横，土地肥沃，水量充沛，物产丰富，人口稠密，经济发达，是典型的海陆结合地带，东临世界上最大的边缘海，连通太平洋，西靠欧亚大陆，地势相对平坦。浙江是我国陆地面积最小的省份之一。"七山一水二分田"的说法是对浙江省陆地地貌结构特征的一种通俗概括，其中山地、丘陵占 70.4%，平原、盆地占 23.2%，河流湖泊占 6.4%。浙江海岸曲折，港湾众多，大小岛屿星罗棋布，大约有 2161 个，是中国岛屿最多的一个省份。福建自然环境的特点是地表结构错综复杂，山岭耸峙，丘陵起伏而分布广，占全省土地面积的 90% 以上，河谷盆地错落其间，水热资源比较丰富，植被类型多样。

2. 区域内主要少数民族

福建省是我国畲族人口最多、分布最广、保留的民族传统文化最丰富的省份。畲族自称"山哈"，畲语意为"山客"，是我国东南沿海最主要的少数民族。早在隋唐之际，畲族就已生活在闽、粤、赣三省交界地带，元代开始陆续向闽中、闽北一带迁徙，约在明清时大量迁居闽东、浙南。

浙江省是一个少数民族散杂居省份，其中少数民族人口最多的是畲族。浙江景宁是我国唯一的畲族自治县，并设有 18 个畲族乡（镇），少数民族人口占 30% 的行政村有 400 多个。《越绝书》记载越王勾践描述越人说："水行而山处，以船为车，以楫为马，往若飘风，去则难从。"可以说非常形象地概括了浙江也包括福建的地理环境和人民的习性。高山族是居住在我国台湾省少数民族的统称，主要分布在台湾岛中部山区，人口约有 50 万。该地区人的文化性格显现出柔慧文雅平和、秀婉清丽崇文的一面。加之位于东南，受"海洋文化"的影响，形成了该区域人明丽、秀美、聪慧、浪漫和开放、进取、崇文、尚礼的天然文化性格。

尚儒崇礼成为浙江，福建文化精神的一条主线，具有"雅而好礼"的品格，这种文化精神必然会潜移默化地渗透和影响到地方风俗的价值取向，不但表现在习俗和礼俗中，而且同样表现在各种风俗文化的支脉中。

3. 区域内的主要民族传统体育项目

首先，该区域自然气候适宜，雨水充分，因此水上项目比较突出；其次，该区域受儒家文化影响，武术比较流行，常见的拳种有畲家拳、畲族硬气功、畲族打尺寸等。

三、我国民族传统体育地域分布的特征

（一）体育项目集中在经济欠发达地区

虽然近些年我国的经济发展较快，但是与全国和东部沿海地区相比，少数民族居住区域的经济发展仍旧十分落后，并且还存在差距继续拉大的趋势。其存在的问题主要包括以下几个方面：城市化进程缓慢，基础设施严重落后，产业发展薄弱，人力资源开发滞后，生态环境遭到破坏等。

大部分的少数民族虽然与汉族大多数一样从事农业生产，但是由于受到历史和自然环境等条件的限制，一些民族仍然至今存在广种薄收、甚至刀耕火种的状况，有些民族如赫哲族长期从事渔业，鄂伦春等民族长期从事狩猎，而独龙、怒族等则长期从事采集，哈萨克、蒙古、藏等民族长期从事畜牧业等。另外，在社会经济形态方面也存在着较大的差异，如在民主改革前，藏、傣、哈尼等民族尚处于封建农奴制社会，而在川滇交界的大小凉山，约有100万人口的彝族仍处于奴隶制发展阶段，如东北地区的鄂伦春、鄂温克；云南边疆的独龙、怒、傈僳、景颇、拉祜、基诺、白、布朗；海南的黎族等民族，共约70万人仍处于原始公社制末期，保留着原始公社制的残余。正是由于这些社会经济形态的差异，当地民众就通过民族传统体育项目表现出了各种习俗和祈祷仪式等，民族传统体育活动就在这些地区一代又一代被传承与发展。

（二）体育项目的分布呈现出"大杂居，小聚居"的特点

我国著名社会学家、民族学家费孝通曾在其民族理论中指出："中华民族的主流是由许许多多分散孤立存在的民族单元，经过接触、混杂，联合和融合，同时也有分离和消亡，形成一个你来我去，我去你来，我中有你，你中有我，而又各具个性的多元统一体。"从这一理论可以看出，我国是一个民族众多的国家，从总体上来说处于一个多民族大杂居小聚居生存的"混居"状态。

民族传统体育项目是由我国各民族自己创造的民族传统文化，它依附于各个民族主体，由于各民族之间存在着"混居""大杂居"的状态，因而民族传统体育项目也表现出"大杂居"的特征，各项目之间并无明显的地域界限。民族传统体育项目覆盖区域广，覆盖了全国34个省，呈现"大杂居"的特征。在这里"小聚居"是相对"大杂居"而言的，地域分布相对比较集中，项目的地域性特征突出，是民族传统体育项目"小聚居"特征主要体现。例如，以不同名目的体育活动项目进行统计，仅云南省的民族传统体育就达226项之多，同全国其他省、市、自治区的民族传统体育活动相比，居

全国首位。其次是广西壮族自治区、甘肃、新疆、西藏等省市都是民族传统体育项目比较集中的区域。在一个省行政区域中，民族传统体育项目的分布呈现出"小聚居"的分布特点。例如，湖北省的民族传统体育项目主要集中在恩施自治州境内；而湖南省的民族传统体育项目则主要集中在武陵山区。

（三）对地域和环境的依附性

各民族生活于不同的地理环境中，它是各民族的生存空间，各民族就是在对自然地理环境适应和改造的过程中，创造出了各具特色的民族文化。从马克思主义理论中我们可以了解，生产方式是各个民族长期繁衍生息的重要条件，而民族传统体育的内容和形式则从某个侧面反映了该地区生产、生活方式与社会风俗习惯等。这其中自然地域环境的差异性是各民族传统体育差异化最有力的佐证。例如，东北地区是我国纬度最高、气候最寒冷的地区，因此该区域的典型特色就是滑雪，滑冰等雪上项目；在西北少数民族地区中，沙漠是最为壮观的地貌景观，骆驼是沙漠之舟，因此该区域的特色便是赛骆驼，滑沙等民族传统体育项目；西南地区分布着平原、丘陵、盆地、山地和高原五种类型地貌，多山是这一地区十分突出的地貌特征，因此该区域的登山、跳高、跑步、投掷等运动十分盛行；中原地区的历史文化积淀异常厚重，这里既是儒家文化最早诞生之地，也是中国礼乐文明的故乡，武术、养生、棋类等项目十分突出；长江中下游地区是我国淡水湖泊最密集的地区，降水量比较丰沛，所以该区域水上项目突出，如赛龙舟、潜水游戏、舞龙、跳绳等项目；岭南地区位于我国最南方，降水充沛，因此，赛龙舟，游泳、跳水、捉水鸭等是该区域的突出代表项目；因此，纷繁复杂、千姿百态、各式各样的少数民族传统体育从由来和表现特征上来看，都带有典型的地理环境差异性，这种差异性即为对地域和环境的依附性。

（四）民族的交融性

我国民族传统体育项目具有民族交融性特征。从项目起源上来看，某一民族传统体育项目最初总是从某一区域、某一民族中传承下来的，然后在不同民族间进行交流与融合。经过各民族间的文化交流，逐渐被具有相同自然条件的民族接受和改造，使得这一项目逐渐发展并完善起来。目前来看，许多民族传统体育项目的内容都来自不同民族文化的整合，即吸收不同的民族文化因素而形成多民族共有的传统文化。一些项目由于它的发展和演变，已由当初某个民族或某几个民族所独有，发展到今天多民族的特点，已成为中华民族所热爱的共有的文化遗产。以龙舟竞渡为例，最早时各地龙舟的形态并不一样，比赛的时间、方式也不一样，这表明赛龙舟这一活动的起源是独立的、多点的。但随着我国各民族文化的交流和融合，龙舟竞渡活动发展成了中华民族广为流行的传统体育项目，许多地区的龙舟竞渡活动在举办时间、竞渡规则、龙舟样式上都大同小异。

在几千年的历史发展长河中，少数民族要不断吸取汉族及其他少数民族的优秀文化来丰富和发展自己，再加上相同的自然环境，以及长期从事相同的生产方式，许多少数民族传统体育项目已成为各个民族所共有的活动内容，但也揉进了本民族的某些特点。如赛马，长期主要或部分从事牧畜业的哈萨克、维吾尔、蒙古、柯尔克孜、藏等民族都经常举行赛马比赛，成为这些民族共有的体育项目。因此，民族传统体育项目逐渐呈现出了民族交融性和融合性。

第二节 传统体育项目的分类

随着世界民族文化多元化发展的潮流，我国民族传统体育文化发展也呈现出异彩纷呈的局面。民族传统体育伴随着 5000 年的文明发展至今，有明显地域性和浓郁民族传统文化色彩，这些都极大地丰富了中华民族的文化宝库。1990 年，国家体委组织编写出版的《中华民族传统体育志》中记载和统计的我国民族传统体育项目有近千项。其中，汉族的民间体育项目有 301 项，其他 55 个少数民族传统体育项目有 676 项，其数量、内容和形式之丰富堪称世界之最。我国党和政府非常重视民族传统体育的发展。1953 年 11 月 8 日在天津举办了首届全国民族形式体育表演及竞赛大会。我们把民族传统体育历史发展过程中所具有的共性，根据其性质、特点和作用进行分类，有利于我们更全面、准确地认识民族传统体育。

一、按民族传统体育的性质与作用

按民族传统体育的性质与作用可以将民族传统体育项目分为竞技类、娱乐类和健身养生类三类。

（一）竞技类

是按照竞赛规则规定的比赛场地、器械以及其他特定的条件进行智力、体力、技术、战术等方面的竞赛。如武术、摔跤、木球、射弩、龙舟等被列为我国少数民族运动的正式比赛项目。

（二）娱乐类

是指富有趣味性、轻松愉快的休闲类体育项目。如棋戏、冰雪戏、传统节日体育等。

（三）养身健身类

主要目的是养生保健、强健身体、康复和预防疾病。如导引术、气功、太极拳等。

二、按传统体育的功能进行分类

按照功能对中国传统体育进行分类是一种常见的分类法，在其他学科也通常被应用。

（一）强身健体、身心兼练的功能

传统体育中的一些项目是身心兼练的活动。如武术运动追求人与自然的和谐，出神入化，顺其自然，习练者不但能够提高身体内脏器官和中枢神经系统的功能，还可以陶冶情操、振奋精神。这样的项目有武术和气功等。

（二）娱乐表演的功能

很多中国民间体育都具有强烈的娱乐表演功能，尤其是与民间节日相结合，具有参与性强的特点，如龙舟、风筝、舞狮等。

（三）竞技比赛的功能

虽然中国传统体育的竞技色彩并不浓烈，但一些来源于军事活动的项目还是具有竞技比赛的功能，如角抵、手搏、击剑、射箭等。

民族传统体育在其发展过程中，绝大多数项目竞技对抗的成分不如表演的成分多，西方现代体育传人中国后，对民族传统体育产生了很大的影响，竞技对抗的功能也逐渐开始显露，形成了一些具有民族传统特点的新的比赛项目，这部分项目主要包括：武术、赛龙舟、摔跤、木球、射箭、舞龙、舞狮等。

三、按传统体育的项目特点进行分类

现代体育项目可以按照项目特点分为田径、球类、冰上、水上等项目，传统体育项目复杂多样，但也可以比照现代体育项目，按照项目特点将其分为：球类（蹴鞠、马球、捶丸）、骑射、角抵（能力、相扑、摔跤）、水上冰上（游泳、龙舟、冰嬉）、棋类（围棋、中国象棋）、武术、导引及其他体育项目等。

这种分类方式借鉴了西方现代体育的分类方法，我们同样可以根据民族传统体育的项目特点，按照现代体育的分类方式进行分类。

（一）以竞技能力为表现形式的项目

以竞技能力为表现形式的民族传统体育项目主要是指游戏娱乐中包含着竞争心理，以赛体力、技巧、技能为内容的娱乐活动。民族传统体育竞技项目数量众多、范围广泛。从参赛人数看，有独显身手的，有两人对垒的，还有多人参与的；从竞技空间看，有室内竞技，也有室外竞技；从有无器械分，有的使用各种兵器、日常生活器物表演技巧技能，有的则单凭自身体能而做精彩表演；从性质和表现形态上分可分为体能类，竞速类，命中类，制胜类，角力类，技艺类六大类型。以下介绍从性质和表现形态上的分类。

1. 体能类

指陆地竞速，水中竞渡的比赛项目，其目的是在游戏中提高身体素质，提高体能。如跳火绳、赛龙舟、游泳、划猪槽船、划竹排、赛皮筏、溜索等。

2. 竞速类

主要指比赛速度的项目。有速度赛马，耐力赛马，花样赛马，走马等形式的赛马，赛骆驼、赛牦牛，爬绳、爬杆，板鞋竞技等。

3. 命中类

以中靶多少评定成绩的竞赛项目，包括射击、射箭、射弩等。它们以不同的距离、不同的弓号，不同的箭数、不同的发数决定胜负。如射箭、射弩、打火药枪、射击、投矛、泥弹弓、飞石索、投石器、赛马射箭、吹枪、射元宝、叉草球、打飞靶、古朵、碧秀等。

4. 制胜类

以赛力为主的对抗性活动，主要是指摔跤类的项目。如摔跤、蹲斗、顶牛、拔腰力掼牛、踢脚，斗鸡、马上角力、踏脚等。

5. 角力类

以一定的工具进行的力量较量，主要是指回族的扭扁担等。如抵肩、拔河、顶竹杠、扭杠、顶缸、推杆、扳手劲、扭棍子、格吞、奔牛、大象拔河、拉棍、抵杠等。

6. 技艺类

以比赛技巧为主要内容的活动项目，它与体能类竞技相比，以巧见长，凭借参赛者在各种拳术，技艺等项目中表现的踢、跳、蹬、拉、打、翻身、举各种技巧动作比高低。如武术、马术、舞狮、达瓦孜、套马、马上技巧、舞龙、踢毽子、秋千等。

(二) 以嬉戏娱乐为主导的项目

以嬉戏娱乐为主导的民族传统体育项目是一种以闲暇消遣、健身娱乐为主要目的而又有一定模式的民俗活动。这些项目，虽有一定的规则，但不严格，其嬉戏、娱乐的主旨不变。可分为五大类。

1. 棋艺类

主要指各民族棋类项目，以启迪智力为主。如围棋、中国象棋、蒙古象棋、藏棋、三棋、射棋、五子棋等。

2. 击打类

指采用各种道具或徒手有目的地击打目标、器乐或身体各部位的娱乐健身项目。如哆健、打篾鸡蛋、木球（打毛蛋）、帕卜孜棍球、波依阔、击木、打瓦、跳竹竿、打扁担、打枪担、吉韧打飞棒等。

3. 托举类

指利用重物，加强力量练习和相互进行力量比试的娱乐健身项目。如举重、举石、举石锁、抱石头等。

4. 跳跃类

指利用各种工具跳越障碍的项目。如跳马、跳竹、跳狮子，跳骆驼、跳竹竿等。

5. 抛接类

指利用抛掷器物或信物的娱乐或择偶的传统项目。如扔石头、鸡棕陀螺、布朗球、怒球、掷石锁、抛绣球、丢花包、竿球等。

(三) 配合节庆习俗的项目

节庆习俗是一个民族特有的传统庆典活动，构成了一种寓意深刻的独特的文化表达方式，起着文化传递的重要作用。从节庆活动中透视到古老而丰富的民族体育文化，反映出不同的民族社会历史和文化变迁的轨迹，显示了一个民族的文化内涵。从节庆的类型上看，主要可归为五大类型，即祭祀类、新春伊始类、农事生产类、婚恋交友类和娱乐狂欢类。它是娱人与娱神、祈生与御死、缅怀与渴求、欢乐与痛苦的综合体现，通过这类活动把一个民族的传统文化通过一种形象直观的方式表现出来，使得民族古老文化复活重现。

1. 祭祀类

少数民族有祖先崇拜、图腾崇拜等原始崇拜。如苗族的爬高坡节，起先主要为祭奠四位苗族的祖先和祈求来年风调雨顺，节日期间在有声望的老人带领下去爬坡顶，吹响芦笙，以通知龙王。从体育的角度来看，这实质上就是一种登山活动。祭祀类民族传统体育项目主要有武术，锥鼓舞、上刀杆、打鞋、独龙刀术、标枪等。

2. 新春伊始类

新春伊始，一是各族人民群众一起过农历的"春节"，二是根据原始的物候确定本民族新年，三是基于历史，由习惯而形成的新年，其日期一般都在收获季节之后。如侗族同胞在过侗年时，要进行跳芦笙、玩山等体育活动。新春伊始类民族传统体育项目主要有磨秋、打陀螺、秋千会、龙舞、耍草龙登山、接新水、芦笙舞、秋千、玩山、踢毛菌等。

3. 农事生产类

农事生产类是丰富多彩的民族节日的另一部分，是欢庆劳动丰收或预祝来年更加幸福的传统日子。侗族的播种节以歌舞表演为主。布依族的牛王节主要是祈求牛王为来年带来好的收成，在节日这一天，布依族群众聚集在一起进行盛大的斗牛活动。农事生产类民族传统体育项目主要有跳大鼓、舞花棍、闹金秋等。

4. 婚恋交友类

起源于人类社会群体的需要，在特定的民族、世代和地域中不断形成，扩大和演变。如苗族的二月花枝、三月花场、侗族的赶坳节等，节日当天举行多种多样的活动，有对歌、赛马、斗牛、摔跤等，为广大青年男女提供追逐爱情的舞台。婚恋交友类民族传统体育项目主要有荡秋千、姑娘追、背篓球、夺标鼠、打鸡毛球、爬滑竿、丢花包、八人秋等。

5. 娱乐狂欢类

少数民族大多热情奔放，善于抒发情怀，有各种各样的娱乐性节日。娱乐性节日包含丰富的内容，有对歌、歌舞表演、刺绣工艺展示以及各种游戏活动。娱乐狂欢类民族传统体育项目主要有阿勒难、舞铃铛、跳花鼓、吉菠基伸、耍龙、爬油杆、爬树追逐游戏、霸王鞭、绕山林、仿鸟舞、葫芦舞、拔拔拉、斗狗、独木天梯、蹬窝乐、打格螺、抢花炮、抢花灯、爬坡杆、蹉石球、轮子秋、踢毛键、沙哈尔地（空中转轮）、二人秋千、踩高跷、风车秋、人龙、滑草、虎熊抱石头、车秋、耍白象、象脚鼓对踢、跳木鼓、跳鼓、芦笙舞等。

四、按传统体育的存在与发展状况进行分类

按照中国传统体育的存在与发展状况，可分为三类：一是目前还广为流传的传统体育，如武术、踏青、风筝、围棋；二是目前虽然还存在，但只在少数地区和民族间开展的，如秋千；三是已经消亡的传统体育项目，如蹴鞠。

五、按传统体育的参与人数进行分类

可以分为个人项目和多人项目。中国传统体育中，武术和导引等大多为个人修炼，而民俗体育则带有广泛的参与性。个人修炼之所以被普遍采用是由多方面因素决定的，中国传统体育受中外围棋影响，健身强于求胜，崇德胜于尚武，而且，封闭的社会也不利于大规模体育竞争的形成。

六、按照传统体育的文化源流进行分类

从文化源流上可将传统体育分为来源于民间传说的体育项目，来源于生产实践、军事斗争、医学和教育的项目，来源于娱乐交往的体育项目等，这种分类方法可以深刻体会传统体育的文化内涵，但是，由于许多项目历史悠久，而且是多来源的，因此难以十分明晰地区分。

七、按学科交叉领域分类

民族传统体育项目具备三大属性：体育性、民族性和传统性，民族传统体育学隶属于体育学，属体育学下的二级学科，体育性也就成为这三个属性中最本质、最重要的属性。体育学与民族学交叉部分的项目被称为民族体育项目，具备体育性和民族性。体育学与传统学交叉的项目被称为传统体育项目，具备体育性和传统性。按照这样对学科交叉领域的理解，我们可以将民族传统体育项目分为民族体育项目和传统体育项目两类。

八、综合分类法

以上各种分类方法各有特色，但是，在实践中却较少应用，因为以上的分类方法在实践中会出现交叉现象，如武术，如果按照功能来划分，既具有强身健体功能，又具有娱乐表演功能，还具有竞技比赛的功能。因此，人们在实践中，根据实际工作的需要，综合各种不同分类方法，将中国传统体育分为中华武术、中华气功养生、中华民俗体育和中国传统智力性体育活动四类。

第三节　传统体育主要项目介绍

一、汉族主要项目

（一）武术

武术又称"国术""武艺"，是中华民族在长期的生活和生产实践中创造、积累和逐步完善的一项民族传统体育项目。它内容丰富，运动形式多样，风格独特，具有强身健体、防卫抗暴、陶冶情操、娱乐审美、锻炼意志等特殊功能，深受广大人民群众的喜爱。

我国武术起源于我们祖先的生产劳动，萌芽于弓箭狩猎的不断发展，发展于军事战争。封建社会，武术随着人类文明的进程，从内容到形式不断得到丰富和发展，逐渐由单纯的军事技能演变为集健身、防卫、娱乐、表演、教育、文化交流等多种功能价值为一体的体育项目，成为体育的有机组成部分。武术门派林立，相关论著不断增多，民间的武术社团和组织蓬勃发展起来，到近代更是进入了学校教育的范畴。中华人民共和国成立后，武术教育成为学校体育教育不可或缺的一部分，武术的竞赛规则得到完善和统一，相关研究相继开展，国际化的交流活动也日益频繁。

我国武术内容丰富、形式多样、风格独特。以技击为主要内容，以套路和散打为运动形式，注重内外兼修。按其内容以及运动形式可分为"功法""套路"和"攻防搏斗"三大类。其中功法类分为柔功、内功、外功、硬功和轻功；套路类又可分为拳术、器械、对练和集体演练。拳术包括长拳、太极拳、南拳、形意拳、八卦掌、通背拳、劈挂拳、翻子拳、查拳、花拳、少林拳以及象形拳等；器械又分为短器械、长器械和其他器械（单器械、双器械和软器械）；对练包括徒手的对练、器械对练、徒手与器械的对练；集体演练又分徒手的拳术、器械或徒手与器械。攻防搏斗类主要有散手、推手和短兵等。

（二）舞龙

舞龙也叫"耍龙灯""龙灯舞"。从春节到元宵灯节，每逢佳节盛会，人们在长街广场和街头，湾边舞起龙灯，以增添欢乐喜庆的气氛。古时候，在人们看来，龙是一种"能大能小，能升能隐，大则兴云吐雾，小则隐介藏形；升则飞腾于宇宙之间，隐则潜伏于波涛之内"的灵物。因而，民间多在喜庆节日舞龙，祈求神龙护佑。迎龙、舞龙，为的是取悦龙神，祈求风调雨顺、五谷丰登。

舞龙历史悠久，起源于汉代。据民间传说，人首蛇身的伏羲、女娲这一对人类婚配的始祖，因制人烟长期奔波于天下，最后累毙于山野。所弃之杖受日月之精华，感天地之灵气，变而成龙。龙吞吃了深以为害的鬼怪和瘟疫，使人类解脱了险遭灭绝的磨难。此后，人们在灾害来临或年关喜庆之时，总要缚草成龙以杖高举，进行祭祀和玩舞，企望消灾祛病，万事顺遂。各地流传着在吉庆节日舞龙欢庆的传统，有的从正月初一舞至十五日，有的从十一日舞到二十九夜。

各族人民的舞龙表演，种类繁多，各具特色。舞龙分为两种形式，一种是在龙体内置灯烛在夜间而舞者，称为"龙灯"；另一种是龙体内不燃烛主要在白昼而舞者，称"布龙"。舞者手执龙体下的木杆，上下翻动，有序前进，犹如活龙奔腾飞跃，景象甚为壮观。

常见的舞龙有火龙、草龙、人龙、布龙、纸龙、花龙、筐龙、缎龙、烛龙、醉龙、竹叶龙、荷花龙、板凳龙、扁担龙、滚地龙、七巧龙、大头龙、夜光龙、焰火龙等近百种之多。龙灯的节数一般为7节、9节和13节。舞龙过程中，龙的每一种造型都有其规定的套路：游龙戏水、蛟龙逐浪、龙戏尾、龙抬头、飞龙在天、跃龙门等为爱"龙"各族所熟知的套路，造型华美，气势磅礴，将龙文化的内涵一展无遗。舞龙由龙珠、龙头、龙身、龙尾10个人，借助龙珠和舞龙器材，在音乐的烘托下，共同完成一个动作；它是集体性的项目，其中任何一个人出错误都将影响动作完成的质量。

（三）舞狮

舞狮也叫"狮子舞"和"耍狮子"，是我国优秀的民间艺术，同时也是一种流行很广、具有独特民族风格和特色的传统体育活动。每逢春节和元宵节，都要表演精彩的舞狮，这种隆重的喜庆仪式，预示着国泰民安、吉祥如意。这一习俗起源于三国时期，南北朝时开始盛行。

我国民间舞狮主要集中在农历正月初一到十五，一般在元宵节达到高潮，舞狮表演已成为隆重的喜庆仪式。舞狮分为两种，一种是"红面狮"，一种是"青面狮"。红面狮多出现在春节、元宵节和中秋节等一些较大的民族传统节日中，以增添喜庆气氛。在人们的心目中，狮子能镇凶压邪，所以，当某些村庄不安宁时，多请青面狮去耍弄一番。舞狮表演要求舞狮者具有灵活的步法、矫健的身法和娴熟的技巧，手法、身法、步法要协调配合，才能完成跌扑、翻滚、跳跃、翻腾以及滚绣球、过跳板、上楼台、跳桌等各种难度动作。

由于各地的风俗习惯不同，我国民间流传的舞狮在表演形式和艺术造型上形成了各自的地方特色和独特的风格，按地域舞狮可分为南方舞狮和北方舞狮两种。最初北狮在长江以北较为流行，而南狮则是流行于华南、南洋及海外。近年亦有将二者融合的舞法，主要是用南狮的狮子，北狮的步法，称为"南狮北舞"。北方舞狮的特点是：外形逼真，与真狮相像，有雌雄之分，还有文狮、武狮、成狮、幼狮之分。文狮重于表演，通过搔痒、舔毛、打滚、抖毛等舞蹈动作，表现狮子凶猛、温驯、急怒、嬉戏等情感和性格。

武狮重于技巧，主要有跳跃、跌扑、登高、腾转、踩球等舞蹈动作，令人称奇道绝。舞狮人将狮皮覆盖全身，只露双脚。北方舞狮一般是两个人合舞一只大狮子。南方舞狮特点是：造型不如北方逼真，但款式多，色彩丰富。舞狮者穿各种灯笼裤，上穿密纽扣的唐装灯笼袖衫或背心。舞狮要使出浑身解数。这种舞狮由一人舞狮头，一人舞狮尾。舞狮是在花球引导下，一人或多人身披缀以各色丝束而用布缝制成的狮皮，表演翻腾跳跃的各种动作，烘托出欢悦火热的节日气氛。

（四）赛龙舟

龙是中华民族的象征，龙舟是有龙饰的船。早在3000多年前就有了龙舟，但当时是供帝王游玩迎神赛会的。赛龙舟是端午节的主要习俗，在壮、苗、傣、白、布依、土家等诸多南方少数民族的民俗节日期间甚为流行。赛龙舟最早是古越族人祭水神或龙神的一种祭祀活动。但据史书记载，赛龙舟是为了纪念爱国诗人屈原而兴起的。

赛龙舟作为我国民间传统水上体育娱乐项目，已流传2000多年，多是在喜庆节日举行。赛龙舟竞赛机制为多人集体划桨竞赛。竞赛规则是在相同的距离内，同时起航，以到达终点的先后决定名次。我国各族的龙舟赛略有不同。汉族多在每年"端午节"举行，船长一般为20~30米，每艘船上约30名水手。

不管是哪一个民族的赛龙舟，虽然有很多地方不同，但有一点是相同，那就是赛龙舟时的舟都被装扮成龙的模样，并以锣鼓助阵。"龙舟船的大小因地而异，比赛时，群舟竞发，锣鼓喧天，百桨击水，舟行如飞。两岸观众欢心笑语，加油助威，充满欢乐祥和的节日气氛"。在我国南方，龙舟已经成为民族地区重大节日中必不可少的庆典内容之一。

（五）摔跤

摔跤是两人徒手较量，以摔倒对方为胜的竞技运动，是中国最古老的体育项目之一。由于我国历史悠久，地域广阔，民族众多，摔跤的名称繁多。古代称摔跤为"角抵""角力""相扑""争跤""掼跤""摔角"，到了近代才叫作"摔跤"。摔跤运动的产生与古代人生产、生活的需要有着密切关系。古代猎人不管是与凶猛动物搏斗还是参与部落战争，没有强健的体魄和计谋是万万不行的。所以，古代人在丰收、打胜仗或举行祭祀时摔跤比武，并以此自娱自乐、练习本领和教育后代。随着时间的发展，这种游戏逐渐脱离生产而成为一种群众性的体育娱乐活动。

汉族的摔跤运动员按体重分为 10 个级别，每场比赛分 3 局，每局净摔 3 分钟，两局之间休息 1 分钟，比赛在平坦柔软的 8×8 米的垫子上进行。运动员身穿柔软结实的短上衣，系腰带，穿长裤，全身可以握抱，可以抓摔跤衣和腰带，但不许抓裤子。按照把对方摔倒的不同程度，分别判得 3 分、2 分、1 分。每场比赛得分总计多者为胜。

二、其他少数民族主要项目

（一）维吾尔族的达瓦孜

维吾尔族的达瓦孜，在维吾尔语中意为"高空走索"，它是维吾尔族绵延千年的一种杂技艺术表演形式，是维吾尔族人独有的传统体育活动。据史料记载，"达瓦孜"源于两千多年前的西域，汉代传入中原，曾在南疆维吾尔族聚居地盛行。达瓦孜表演时，首先选择一个空旷的广场，在场地的中心竖起一根大约 30 米高的长杆，四周用许多钢筋和绳索牵制，使之不至于倾斜和栽倒。一根长 35 米左右的粗大绳子瑙木杆的顶端斜拉到地面，使之与地面形成约 45°角。表演者手持长竿作平衡器，不系保险带，在唢呐、羯鼓声中表演走绳，在绳上做侧身走绳、蒙眼走绳、倒立走绳、踩碟走绳、飞身跃缚等惊险动作。保持身体重心和平衡稳定，是达瓦孜的关键所在。

达瓦孜表演包括地上与空中两部分动作，空中又分索上动作与杠上动作。表演场地大而平坦，一般长 100 米，宽 80 米。走索表演者头戴扁形皮帽，上缠彩巾，着袖子和前胸绣传统图案的圆领衫，短外套和腰带多为紫红色，内衣为石榴花色或粉红色，裤管较窄，下沿绣花边，赤脚。入场时多骑雪青马，马颈悬铜铃，鞍覆边缀鲜艳穗子的金丝绒盖布，上绣月牙形图案。马头系三色绸。表演时伴以民族音乐。曾有采用十二木卡姆伴奏的。近代用四种曲调按上索、通过三殿顶点和杠与环上表演变换演奏，以活跃气氛。表演幽默，场面热闹非凡，极富特色。

（二）独竹漂文化

独竹漂，又称"独竹舟""划竹竿"，约起源秦汉时期，最初的漂流工具为楠木。贵州遵义是楠木之乡，古代统治者们长派遣官员到贵州采购这一珍贵建筑木材，但是当时生产力水平低下，交通不便，官员为了将楠木运走，只能让人们先将楠木一根一根运送到长江流域再总体运走。如此一来，当地人们便形成了单人独木成舟的娱乐方式，也就是独竹漂的前身。

清初，有一位福建人带来了楠竹，种植于赤水，它适应赤水气候，生生不息地遍布于丹霞谷两岸的丘陵山区。当地人们发现楠竹的漂浮能力更强，通行速度也更快，所以之前的独木漂就慢慢演变成了独竹漂。农历时间五月份左右，当地河流水位会上涨，人们便在此时举办独竹漂的比赛活动，这种习俗的流传也致使独竹漂成为一种奇绝。

20 世纪 30 年代红军长征时期，就用独竹漂完成四渡赤水。近年来，由于经济的发展和交通的改善，独竹漂的运载功能明显降低，已逐渐演变为娱乐和竞技用具。

中华人民共和国成立以后，独竹漂成为近水而居的人民群众的重要水上交通工具，"一苇渡江"，方便又快捷。之后，随着民族传统体育旅游的发展，独竹漂成为一项重要的民族体育表演项目，表演者在竹子上表演各种高难度动作而不掉入水中，令人称绝。

"赤水独竹漂"是贵州省省级非物质文化遗产，并在 2011 年第 9 届少数民族传统体育运动会上被列为正式比赛项目。

（1）工具选择。一般来说，独竹漂多以楠竹为漂流工具，楠竹直径大约 15 厘米，长约 8 米，竹杆应笔直。运动者也可根据自己的体重选择更长或直径更宽的楠竹。

（2）撑竿行进。赤足站立在楠竹上，手拿一根细竹竿做船浆，一般来说直径约 5 厘米，长约 4 米，竹竿应笔直，漂流者握细竹裟的中间位置，左右交替用竹裟两端向后拨水，可实现独竹漂的前进。

（三）海南黎族的传统项目

黎族有很多传统体育项目寓娱乐于体育锻炼中，使人们在强身健体的同时又增加了很多生活乐趣，每逢黎族的传统佳节或农闲时节，男女老少都会踊跃参加体育活动。这些活动项目只需个人的体力与技能，场地器具都极为简易，因此普及广泛。至今仍活跃在黎族村寨的传统体育项目有：

1. 荡秋千

在五指山区黎族乡村流行已有上千年的历史，极富挑战性，是黎族人民极为喜爱的一项体育活动,被人们称为"最原始的极限运动"。每年的正月初二至十五,村里的青年男女都会相聚在村头的大榕树下,用山藤绑在树杈上,开展比赛活动。看谁荡得高,瞧谁荡得快。秋千此起彼伏,围观者在一旁喝彩,欢声笑语伴着山风,回荡在山谷间。此项目表现了黎族人民勇敢豪放、乐观向上的精神面貌。

2. 拉乌龟

这个民族体育项目是根据动物形态命名的,比赛方法简单明了,输赢易判,参赛双方需要将同一根绳子绑在腰间,像乌龟一样朝着相反的方向行进。此项活动有利于锻炼人的耐力,腰腹力及人的拉力技巧。乌龟象征健康长寿,动作形态妙趣横生,极受人们喜爱。

3. 摔跤赛

是各民族均喜爱的一种体育项目,也是五指山区最为盛行的传统体育活动之一。每年农历十月十五日开始,黎胞以村为队,每村挑选数名身强力壮的青年,晚上集合到指定地点举行摔跤比赛。双方互相抱腰,脊背倒地为负。摔跤活动往往会持续到次年的元宵节,历时3个月之久,人们称其为"马拉松式的角力比赛"。

4. 登山赛

黎族同胞世代深居山区,非常喜爱进行登山比赛。这项运动据说起源一个十分动人的传说。很久以前,在尖峰岭山顶上,有位美丽勤劳的黎族姑娘。她绣的蝴蝶会飞出来,她唱的山歌连天上飞的小鸟也要停下倾听。因此,前来向她求爱的黎族小伙很多。于是,姑娘便对前来求婚的小伙子们说:"等到十月十五月亮正圆时刻,你们同时从四面八方登上山来,谁最先找到我,我就嫁给谁。"转眼间,十月十五到了,只听三声枪响,成千上万的小伙子欢呼着,潮水般地涌向山头……如今黎族同胞仍流行着十月十五登山比赛的传统活动。

5. 射箭

是黎族同胞最古老的体育活动。海南《地理志》载:"2000多年前西汉时期,黎族已有射箭活动。黎族射箭比赛十分热闹,每逢喜庆日子,整个村落男女老幼都聚集在一起,把猪腿、牛腿或羊头挂于树上,射手们大约在50米开外放箭,食物按中箭多寡分赏。"射箭运动对于聚居在五指山区的黎族同胞可谓源远流长,且有它独特的趣味。过去,黎族有"生一男孩,必配一弓"的家规和"不懂射箭的男子汉，不是黎家好后代"的家教。比赛中那些技术高强、臂力过人的小伙子，自然会得到姑娘们的爱慕，成为"比箭竞婚"的对象。

6. 过浮桥

浮桥是黎族同胞日常生活中的过河工具。过去黎族同胞大多居住在山区，每逢雨季，河水猛涨，给生活带来不便，聪明的黎族同胞就把芭蕉杆用树藤串起来当桥，这样过河方便又省事。但作为运动比赛时，较为惊险、刺激。姑娘、小伙在滑动的芭蕉杆浮桥上跑动，几十米长的浮桥跑过去仅要五六分钟，这的确需要有熟练的技巧，否则，一不留神就会落入水中，这样不仅比赛不成功，还会被人笑话。为此，姑娘、小伙们在比赛时都非常认真，一点不敢怠慢，看着他们那轻松敏捷的步伐，真让人瞠目结舌，为之赞叹。

7. 打狗归坡

是流行于三亚地区的一种多人游戏，比赛形式类似曲棍球。队员每人手执 L 形的棍子作为击球棒，双方人数对等，球则以椰子叶编织而成。比赛时，双方队员互相挥棒竞逐击球，只要将球击出对方线端便得分。围观人群争相呐喊，更是将比赛氛围衬托到极致。输了的惩罚也很有特色，需要像小狗一样被胜利一方骑着退场，或者简单一点背着胜利者退场，这样也就方便理解这个体育项目的名称由来。

8. 跳竹竿

黎语叫"卡洛"。是一项深受黎族同胞喜爱的传统活动，在黎村世世代代盛行不衰。每逢喜庆节日，特别是丰收过后，黎族同胞便开始进行这种古老而又富有独特情调的体育活动。身着艳丽民族服饰的男女老少，欢聚在开阔的山坡地上，用八根长竹竿平行排放成四行，竹竿两端各有 4 人，双膝跪地，每人两手各握一根竹竿的一端，组成与地面平行的图案。竹竿掌控者随着音乐和鼓点的节奏做出反应，这时由 4~8 名男女青年随着音乐和竹竿叩击的节奏，在交叉的竹竿空隙中灵巧、自由地跳跃、旋转，动作优美，气氛热烈活泼，参与者与观赛者都能身心愉悦，深受人们喜爱。

这项运动讲究技巧，黎族男女青年随着优美的音乐旋律，结合着美妙的舞姿，在击打分合的竹竿上下左右的跳动，表演出各种洒脱姿势，十分优美动人。根据相关历史研究这项运动在几百年前已经出现，在多个少数民族居住的地方流传，有些外国人也将其认为是一种稀有的健美操。如今，风格特异，情趣盎然的黎族"跳竹竿"早已闻名于世。

（四）哈萨克族的姑娘追

哈萨克族是以游牧为主的民族，马上功夫十分了得。因此，他们有句谚语："马是哈萨克族的翅膀。"而在所有马上运动中，"姑娘追"是哈萨克族姑娘和小伙子最喜爱的活动。"姑娘追"，哈萨克语叫"克孜库瓦尔""克孜"即"姑娘"，"库瓦尔"意为"追赶"。它是中国新疆维吾尔自治区哈萨克族的传统游戏之一，是哈萨克青年们最喜爱的一种马上体育游戏，也是男女青年相互表白爱情的一种别致方式，多在结婚或喜庆节日举行。

哈萨克族实行氏族外婚制，各氏族之间相距较远，娱乐活动和各种集会是各氏族、部落青年男女相互认识和倾吐爱情的千载难逢的机会。传说姑娘追源自古代哈萨克族一对情侣的打赌许诺：一位姑娘对向她求爱的小伙子提出许多要求用来考验其胆识和智慧，小伙子都顺利通过了。最后，姑娘又对他说："如果你能追上我，我就嫁给你。"话音刚落，姑娘就飞奔跃上马在前面跑，小伙子也不甘示弱，在后面飞马紧追不舍。后来，随着社会的发展和进步，小伙子追姑娘逐渐演变成姑娘追小伙子的群众性体育活动。通过这种活动，青年男女互相认识、互相了解，最终有情人终成眷属。

"姑娘追"既具有自己的民族特色，又有广泛的群众参与性，一般夏秋季节在空旷平坦的草甸上举行，远近牧民都骑马前来参观。近年来"姑娘追"的内容形式更加充实丰富，已成为赛马的一种体育活动。

（五）朝鲜族的顶罐走

顶罐走运动是我国东北地区朝鲜族妇女的一种特殊的劳动方式。这一负重行走的劳动技能经过长期的演变，逐渐成为当地人民十分喜爱的一项体育运动，也是一种简单的娱乐游戏。朝鲜族顶罐走的传统风俗具有悠久的历史。日常生活中，这一负重行走的劳动技能经过漫长的演变，逐渐成为一项令人喜爱的简单游戏。一些民间体育运动会也常常把这一游戏列入比赛项目。这种称为顶罐走的活动深受我国朝鲜民族群众的喜爱。

人类搬运重物的方式多种多样，手搬、肩挑、背负、头顶或兼而有之。一般来说，用头负重却是不太容易做到。与头顶重物比，扁担被认为是在人类负重方式中最科学，最合理的。扁担挑东西时重心低，稳定性强，与用背负重相比，与身体接触少，少受体积限制。但是事实并非完全如此。

朝鲜族的人们从前主要靠贩运货物生存，通过不断地贩运货物换取食物。在贩运的过程中，翻山越岭，攀爬悬崖时相当的危险，若是失足，只要头一歪，就可以丢弃货物而人可以逃脱。如果用肩负重，一旦失足的话就是人货俱损。朝鲜族人们的这种传统习俗是现代文明社会的人无论如何都想不出的答案，一种负重的方式竟然是与生命延续息息相关的。但是，朝鲜族仅仅借助头部力量来搬运重物则更让人百思不得其解。据有关研究表明，当头上所负重量增加到体重的2/3时，所耗费的体力只比平时不负重时多50%；同等情况下，一个士兵所耗费的体力是平时的两倍。这些卓越的头顶式搬运功夫被认为：借助于非凡的平衡能力和灵巧的弹性步伐，以达到保存体力的目的。

在朝鲜族聚居区，妇女们多是头顶着瓦罐送水或用头顶搬运其他物品。在插秧、锄草季节妇女们常常头顶瓦罐将饮水或米酒送至田间地头。她们虽然头负重物，但却个个脚下生风。随着所顶道具的变化，舞蹈动作也相应发展。顶水舞以"挫垫步""碎步""踏波步"为基本步伐，主要动作有"甜泉舀水""玉指弹珠"等。舞蹈通过模拟头顶瓦罐行进中的各种生活动作，抒发欢乐喜悦的内心感情，舞姿轻松优美。

在顶罐走比赛中，所顶水罐约重5公斤，具有一定的负荷，对参赛者的腰背、颈部、腿部肌肉以及全身的平衡能力都有较高的要求，长期参与顶罐走活动，全身协调、平衡能力会得到提高。由于顶罐走是从实际生活中演变而来，所以具有很好的亲和力，朝鲜族妇女都乐意参加这个活动。

第四章 传统体育的现代传承

传统体育是民族传统文化中的瑰宝，它是在少数民族群众长期的生产生活实践中形成并发展起来的，是具有显著民族特点的健身、娱乐活动，也是民族政治、文化、生活的一种特殊表现形式。我国悠久的传统体育文化是在一种自然状态下传承演进而来的。目前，在经济社会的发展过程中，许多传统体育文化面临着挑战和选择，不能转型和适应新形势就不能生存和发展，部分传统体育项目就会逐渐萎缩或消亡。因此，必须主动寻找传统体育发展的出路，发现传统体育文化发展的新增长点，创造更大的社会效益和经济效益。加强传统体育文化建设，做好传统体育文化的传承和创新。

第一节 传统体育文化传承体系的构建研究

传统体育文化要想获得可持续的发展，就必须要有传承者。传承者之所以对于传统体育的传承如此重要，主要是基于我国传统体育的传承方式而言的。为此，本章就重点对传统体育文化传承中的诸多要素以及相关的传承管理工作进行研究。

一、传统体育文化传承要素分析

传统体育文化能够传承至今非常不容易。为了能够顺利传承，需要一些必不可缺的元素，如文化传承者、文化传承方式以及适当的传承环境。为更好地分析这些问题，这里以传统武术为例进行说明。

（一）传统武术传承者

对于包括武术在内的我国众多传统体育文化项目来说，其传承都带有传统特色。但无论如何，人永远是文化传承的关键，不仅从古代到现代是这样，从现代到未来也是如此。

传统武术文化的传承者，指的是对传统武术文化直接参与传承，使之可以不断沿袭的个人或群体。传承者的选择并不是一件简单的事情。在确定前，首先要对他们进行一系列步骤的培养，然后对其用不同方式进行考核或考察，最后以其对武术文化传承知识的数量与质量的掌握情况为依据来进行最终的确定。传统武术文化的繁荣与发展离不开传承者的努力，传承者是对传统武术文化进行保护的关键。

（二）传统武术传承方式

传统武术流行于世，受到大多数人的喜爱，这一切的基础正是由于自身的传承和发展。传统武术能够发展至今，其必须依赖于一定的手段和方法，通过某种途径达到代代延续的目的。因此就要了解一下传统武术是通过怎样的方法和途径进行传承的。

（三）传统武术传承环境

传统武术的传承需要依托一个良好的环境才能顺利进行，它受到人类生活和发展的各种自然因素和社会因素的影响。传统武术的传承环境分为两类——自然环境和社会环境，这两者之间相互影响，相互制约，统一为一个整体，体现在传承单位、传承基地和文化生态保护区三个方面。这三个方面对传统武术的传承起到了至关重要的作用。

二、传统体育文化传承体系构建的原则

（一）正确性原则

这一原则主要从政治层面发挥导向作用，保证所选内容符合政治要求。想要实现繁荣发展文化事业和文化产业、提高国家文化软实力这一目标，需要我国在坚持中国特色社会主义道路的基础上加大文化建设力度。民族传统体育文化传承和创新是文化建设策略的一种，加大传承力度是必然的，但仅加大力度是不够的，还需要保证传承内容符合中国特色社会主义道路要求。

基于这样的要求，传承内容选择要做到四个"坚持"：一是坚持社会主义核心价值体系的领导地位，二是坚持符合社会主义文化强国严格要求的内容，三是坚持选择深化文化体制改革的内容，四是坚持选择健全公共文化服务体系与市场体系的内容。

（二）科学性原则

科学性是现代社会的突出特征，讲求科学，即消除愚昧、消除种族歧视，使用科学技术打造新的世界。新媒体技术是科学技术的重要组成部分，具有信息传播便捷、传播范围广泛和信息内容形态多样化等特征，可以为民族传统体育文化获得更好的传播效果提供有力支撑。同时，新媒体技术所具有的创新性可以在一定程度上提升内容选择的科学性。

中华民族传统体育文化历史悠久、类型多样，并且具有鲜明的本土特征，其他民族对于其中的很多文化是难以理解的。传承的目的是使民族传统体育文化流传下来，让中华儿女始终为拥有这些宝贵文化感到自豪；创新的目的是通过整合民族传统体育文化使之符合现代社会价值伦理，从而获得更大范围的认可与欢迎。科学性原则主要针对创新环节而言，要求传承内容在创新后符合现代社会要求，从而为建设更加繁荣的社会主义先进文化奠定基础。

（三）人文性原则

人文精神是对人类生存意义与生活价值的人性诠释，是指人之所以活着、奋斗与追求并不只是为了满足基本生活欲望，还要从中体会更深层次的精神内涵。如果人文精神"销声匿迹"，人类社会就会失去生命力，沦为一个被钢筋水泥包围起来的灰色地带。科学技术的发展促进了人类生活水平的不断提升，但无论技术如何先进，"以人为本"理念终究不能摒弃。

民族传统体育文化传承和创新内容的选择要关注那些蕴含着深厚人文精神的体育运动，不能因为某些体育运动极具竞技性而缺失人文思考。纵然，竞技性较强的体育运动更容易作为获取可观利益的手段，但如果让这类运动占据主导，人类社会将会被功利性所充斥，从而破坏人文性成长土壤。另外，民族传统体育文化中存在一些不文明、不理性的文化内容，如果传承和创新过程不对其进行严格筛选，则可能让这些内容传播开来，成为破坏社会稳定、危害民族团结的"害群之马"。

（四）有效性原则

有效性原则是指从均衡角度思考民族传统体育文化传承和创新的内容选择。民族传统体育文化传承和创新需要对诸多影响因素统筹思考，使之能够良好结合，从而为获得更好的传承效果提供支撑。在实际情况中，诸多影响因素的结合不是简单地平均分配，而要以有效性为判断依据。例如，政治导向因素主要保证传承内容符合政治要求，但如果过分强调政治要求而忽视民族传统体育文化本身特质，则会导致很多优秀民族传统体育文化被埋没，甚至还会因此引发民族矛盾。

三、民族传统体育传承体系建设内容

（一）民族传统体育精神体系传承建设

任何一个国家、民族都伴随精神存在，精神是一个国家、民族对外展示的标志，反映了其价值观念和文化需求。

改革开放来，我们强调民族精神教育，并常把我国运动健儿在竞技中的精神体现作为展示我国民族精神的最好形式。竞技体育强调竞争，这是西方人文精神的典型标志，且随着文化全球化一开始就在全球蔓延，发展离不开竞争，它代表了一种先进的发展理念，也是一种全球化的文化思想，因此，以竞技文化为核心的中国体育精神，不能作为一种中华民族精神广而代之，因为每个国家、民族都在为发展而提倡更高、更快、更强的竞争理念，都在倡导敬业、守法、团结、奋斗等精神。

一个国家、民族的民族精神应当建立在本民族文化内核的基础上，做到个性与共性相结合。因此，我国民族传统体育在中华民族精神构建上应担当重任。

一方面，要对西方体育文化有选择地吸收，通过民族传统体育发展，拓展民族文化观念。西方竞技体育文化中的竞争精神是一种现代发展理念，我们应重新审视我国民族传统体育文化观念和价值，有选择的学习、借鉴西方竞技文化。民族传统体育应当包容世界先进文化理念，取其长，补己短，促进自身发展。

另一方面，对民族传统体育有选择的对外传播。现代发展虽提倡竞争理念，但一味强调竞争，也会使社会失去稳定。民族传统体育文化蕴含的"天人合一""身心统一""社会本位""伦理教化"等传统价值观念，是对西方竞技文化向"更干净、更人性、更团结"终极目标迈进最好的调和物，因此，选择一些有代表性的民族传统体育项目作为主要传播和发展对象，通过国际教育、旅游、竞赛、经济交流、开发等途径，向外推广，扩大影响，让更多国家、民族群众认同、了解、借鉴我国同样具有普世价值的先进文化理念，达到弘扬民族文化目的。

（二）民族传统体育活动体系传承建设

文化通常以活动形式体现出来，民族传统体育活动是民族文化的主要体现形式。我国民族传统体育活动是我国各民族民众基于自身身心发展需要，通过一些富有民族色彩和地域特色的方法进行的一系列体育运动过程，我国民族传统体育活动内容丰富，因此，把这些活动体系传承下来，是一笔宝贵的文化财富。能不能把这些活动体系传承下来，关键看能否激发民众的兴趣。要想在现代环境下让更多的地域民众了解、认知、参与，需要我们结合时代特征，对这些活动体系进行必要的改造，以构建一个充满新的活力的活动传承体系。

建设具有现代气息的活动传承体系，可以从以下四方面来考虑。

（1）遵循传统方法，吸取现代运动技术动作，通过活动内容及技术动作的某些改变，改变活动的表现方式，使活动富有表现力，提高民众吸引力，如少数民族民俗节日中的民俗体育活动，可以通过这种形式的改变来传承下来。

（2）按照传统内容及技术，采取现代方法组织开展活动，使活动既古朴，又具有活力，既能唤起民众文化记忆，又能激起民众热情，如近些年常得到开展的传统武术比赛、龙舟比赛、摔跤比赛等，就因其以现代竞赛活动方法、遵循竞赛规则来开展活动而得到越来越多的民众喜爱，其他一些民族民间游戏活动也可以通过现代竞赛、舞台表演等方法组织开展。

（3）采用现代方法，同时吸取部分现代运动技术，在保留核心内容和技术动作的基础上，对内容和技术也进行某些方面的改变，构建新的技术体系，使活动更富有竞技欣赏性、健身娱乐性，如竞技武术、散打、现代龙狮运动等，由于其活动所具有的竞技性，现在已经走出了国门。

（4）传统内容、现代技术与现代器物服饰相结合，在传统内容的基础上，吸取部分现代运动技术，并对活动开展所需的场地、运动器材、器械、设备、服饰、音乐等进行现代化处理，使之更富有视听效果和健身、娱乐效果，如健身秧歌是一个很好的例子，健身秧歌是在"原生态"表演性秧歌的基础上，吸取民族舞、韵律操、迪厅舞、现代舞、交谊舞等现代运动元素，同时采用各种生活器具，如铃铛、筷子、棍子、圈等，进行创编的现代秧歌，这些创新赋予了秧歌现代意义，展示了青春活力和时代气息，在全国迅速得到推广。

（三）民族传统体育文化理论体系传承建设

民族传统体育文化理论传承是文化的价值增殖过程，有利于民族文化繁荣发展。只要有文化传播，就会有文化增殖和价值观念的衍生，社会发展程度越高、信息量越繁杂时，文化增殖现象就越普遍。理论是文化的基石，在科技与信息越来越发达的现代社会，任何文化的发展都要基于其本身具有的理论而存在，只有科学的理论根据、系统的理论数据和知识，才能让世界各民族信仰、学习，才能激发本民族民众的自信心。

目前，虽然我们成立了民族传统体育学科，也编写了系列教材，并从文化学、经济学、管理学、社会学、体育学、心理学等方面对民族传统体育进行了很多研究，但相对于现代竞技体育理论来说，我们的理论还相对薄弱，很多理论发展不成熟，制约着传承与发展。因此，深入研究民族传统体育文化理论，构建系列理论体系很有必要，理论体系构建是民族传统体育文化增殖的需要。

我们要做到：

首先，要对民族传统体育活动进行深层次挖掘与整理，对其从原生态到次生态到未来状态的发展规律和活动原理进行深入研究，形成有中国特色的体育理论架构和知识体系，如竞赛与活动规则、休闲原理、养生健身原理、运动训练方法等。

其次，要积极利用现代科学方法与先进理念，结合竞技体育学知识，深层次挖掘民族传统体育与现代体育在运动与发展规律中存在的理论契合点，以求更准确、更深层地构建民族传统体育竞技理论体系，实现部分民族传统体育项目的竞技转型。

最后，要结合传统观念和现代技术，深入挖掘民族传统体育的潜在价值，利用心理学、旅游学、经济学、教育学、民俗学、政治学等现代学科知识，探索和构建民族传统体育现代价值体系，实现民族传统体育经济、旅游、教育、健身、竞技休闲、政治、民俗信仰等功能。理论体系的构建必然会促进其传承。

四、学校传统体育学科理论体系的构建

（一）传统体育学科理论体系的基本特征

（1）传统体育学科理论体系不仅对客体进行简单的分类与外在的描述，还对传统体育的内在联系和深层次的规律进行深入的揭示。

（2）传统体育学科理论体系是一种用以说明事物本质特征的抽象体系。具体来说，其是在概念范畴的基础上，对其内在联系的揭示，也是对传统体育运动变化客观规律性进行复演的体系。那些将其理解为现象的简单描述和概念的简单堆砌的观点是片面的、不科学的。

（3）由于理论体系是人对传统体育运动变化的深刻揭示的客观机理，因而，可以将其用于事物变化的揭示，也可以用其对传统体育未来的发展加以预见，并对人们的实际工作加以科学指导。

（4）传统体育是传统体育学中重要的组成部分，处于核心地位，其在该学科体系中是用于与其他组成部分连接的重要纽带。在整个概念体系中起着统摄的作用。传统体育学理论体系中的一系列概念，都是由传统体育一词与其他学科引进的概念相组合而形成的。

（二）学校传统体育学科体系建构的基本要求

根据传统体育的研究对象和特点、学科内部的知识结构、学科的总体发展态势以及与相关学科的联系等基本情况，我国传统体育学科体系的建构过程中，需要满足以下几点基本要求。

1. 明确本学科的性质

传统体育学科在我国整个学科体系中是处于二级学科的位置的，其性质方面，有一部分与其他学科是相同的，有一些则是其特有的，也正因如此，传统体育才能作为一门学科独立存在。

我国传统体育突出了"民族"二字的关键内涵，决定了该学科在建设与发展过程中所具备的民族方面的特性。当然，传统体育属于"体育"学科，这就赋予了其显著的交叉学科或边缘学科的属性，其理论基础既包括社会科学的成份也包括自然科学的成份。这里有一点需要强调，从目前的研究现状来看，关于传统体育的自然科学的理论原理研究是严重匮乏的。

传统体育学科主要对我国的传统体育进行研究。"传统体育"的概念至今还没有统一的说法，这在一定程度上制约了该学科研究的逻辑起点问题。综合各种理解和观点，传统体育的概念可以界定为：包括汉民族在内的中国各民族在长期的历史发展过程中逐渐形成、继承和延续的带有浓郁的民族文化色彩和特征的体育活动。

2. 明确本学科的研究方向

对于传统体育学科来说，其研究方向的确定对于其系统研究有着重要的导向作用。因此，在我国传统体育学科体系的建构过程中，首先将它的研究方向确定下来，着重明确该学科存在的现实意义，否则，就无法推动传统体育学科的发展，也无法使传统体育的内容和体系的优化得到保证。

传统体育作为一门学科，其要研究的方向是较为明确的。在西方文化的冲击下，传统体育文化产生危机感，迫切需要我们振奋民族精神，增强民族认同感和自豪感。

目前，通过对传统体育的现状进行分析，其与时代发展的要求并不相符，人们对它的期望与需求也与实际情况有出入。由此可见，社会历史发展对传统体育运动提出的要求和人们对传统体育活动的需求与传统体育的发展状况不相适应的矛盾问题亟需解决。

3. 明确该学科的结构特点

一门学科的结构特点，会对该学科的发展和完善起到积极的推动作用，对于传统体育科学来说也是如此。传统体育学科体系的建构，与它自身的结构特点有着密切的关系。正因如此，传统体育学科体系的完善和健全才能得以实现。具体来说，我国传统体育学科的结构特点主要表现在以下几点。

（1）民族性。我国传统体育是在悠久而古老的中华传统文化中诞生、发展起来的，可见中华传统文化对其熏陶和滋养的重要性，是东方体育体系的重要代表，与西方体育截然不同。这就要求在构建我国传统体育学科体系的过程中，一定要充分体现其民族性特点，同时，在内容方面，要进行进一步的拓展，使其更加丰富和全面，理论内涵也不断得到完善，通过各种科学方法的运用，来达到有的放矢的目的。

（2）时代性。传统体育学科的产生是在一定的时代背景下实现的，这就赋予了其显著的时代性特点。因此，不管是对我国传统体育学科的内涵、价值进行探讨，还是要论证其发展的方向与延伸，都要与时代发展的背景相结合，从时代发展特点上，对民族传统内容去其糟粕、取其精华，吸收人类一切优秀的文明成果，使其能与现代社会的发展相适应，满足人们对它的需求，并以面向未来的精神促进该学科的发展。

（3）理论性。在我国传统体育学科体系的建构过程中，还应该兼具理论性。如果忽视了理论性这一重要特点，那么，就无法对该学科体系的全面可持续发展起到积极的推动作用。基于此，在我国传统体育学科体系的建构过程中，一定要对其理论性特点加以重视，不断加大力度来深入、全面地研究和探索传统体育基本知识原理，从而保证理论基础的丰厚，将其在实践方面的指导作用充分发挥出来。同时，也要不断将新的内容融入进去，借鉴比较成熟的现代体育学科的理论成果，从而使传统体育学科的理论性更加完善。

（4）应用性。传统体育学科的应用性特点较为鲜明，这是由于，解决社会历史发展对传统体育运动提出的要求和人们对传统体育活动的需求不相适应的矛盾，是传统体育学科之所以存在的逻辑基础。

（5）实践性。我国传统体育的活动形式是多种多样的，多达上千种，一些已演变为现代体育竞赛项目，一些仍然处于原生形态的状态。传统体育理论就是从这些活动中逐渐发展而来的。对这些运动实践进行研究、整理与提高，已经成为传统体育学科的任务之一。因此，传统体育学科的实践性是这门学科的重要方面。

（6）广延性。关于传统体育的理论研究，之前的研究数量较少，且研究的范畴也比较有限，通常只限于武术理论。传统体育的发展与研究并不仅限于本学科，还会涉及其他领域，这就要求进一步扩大和拓展其研究领域和范围，使其各个方面都得到一定的延伸，比如所有的技击壮力类体育、养生健身类体育和休闲娱乐类体育都属于传统体育的理论研究范畴。因而，传统体育基本理论的应用范围必须大幅度延伸。学科体系的建立也要让学科研究领域的广延性特点充分体现出来。

（7）整体性与层次性。传统体育的活动实践本身是一个整体，这是其存在的主要形式，因此，整体性是其本身固有的特点之一。但从传统体育的分类来看，它同时又具有层次性的特点。在传统体育学科体系的建构过程中，一定要同时将整体性与层次性特点都体现出来，否则就是片面的、不科学的。

（8）系统性。这里所说的系统性，是指相同或同类的事物能够按照一定的秩序和内部联系而组合成一个整体，也是传统体育学科体系构建过程中不可忽视的重要特点之一。

（三）学校传统体育学科的基本理论框架

传统体育学作为体育学下一门独立的学科，应该有自己特殊的研究领域和严密的理论体系。学科体系是指一个学科的内部框架结构，体现一个学科内部各个组成部分之间的相互关系，以及凭借这些关系建构而成的有别于其他学科体系的总体标志。因此，在我国传统民族体育学科体系建构过程中，厘清其内部框架结构是非常重要且必要的，能够使这门学科的整体价值得到真正的提升。

1. 宏观层次

传统体育学科理论框架中的宏观层次，主要是指传统体育概论，即基本理论概述方面的内容，理论概述等内容对学生充分认知传统体育的内涵及价值具有积极的引导作用。可以说，基本理论知识系统是传统体育教学的起点和基础。

2. 中观层次

传统体育学科体系中的中观层次主要包含实践类方面的内容，具体来说，有技击壮力、养生健身、休闲娱乐等方面。通过这些课程的开设与开展，能够有效引导学生进行实践和探索，这对于学生的实践能力以及自身素养的提升都是有帮助的。

3. 微观层次

传统体育学科的微观层次主要着重探索更加具象化的内容，同时设置相应的课程，这是该学科的进一步细化。具体来说，就是要在中观层面的内容的指导下，全面深化微观层面课程体系的关联性。如开设摔跤、太极拳、踢毽子等传统体育项目课程，引导学生在实践演练中不断提升自身的体育素养和自身能力。

（四）学校传统体育学科体系的科学构建

要构建科学的传统体育学科体系，需要从以下几个方面着手进行。

1. 正确选择研究方法

要想构建出一个科学、完整的传统体育的学科体系，正确的研究方法是不可或缺的。对于那些能够用于本学科体系研究的方法，可以进行不同层次上的划分，比如，研究技术、具体方法、方法论。其中，整个研究过程都涉及方法论的层次，而研究技术、具体方法则属于实际操作的层次。

（1）整体论方法。整体论，就是指任何实体都具备自身不同组成部分总和的存在价值与状态。在构建学校传统体育学科体系过程中运用整体论方法，能够起到的作用有：能够使本学科中那些较为狭隘的定性思维方式得到有效的摒弃，不再受到这些因素影响，能够在人类科学文化的广阔发展环境中研究本学科体系的构建，用新思想进行传统体育的体系发展与建设。

（2）文化相对论方法。整体论方法是研究传统体育学科体系的一个重要方法，而文化相对论是整体论的重要组成部分，从文化的特定内容中对其他种族的风俗及信仰有所了解。运用文化相对论的方法，能够对传统体育学科体系构建过程中存在的文化方面的差异性有更加深层次的了解与认识。

（3）实地研究考察方法。实地研究考察，就是前往实际地点展开素材收集。理论源于实践，因此，要构建传统体育学科理论体系，就要首先走入传统体育活动的实践中，在大量典籍、书籍、文献中查找有关的记载，当积累量达到一定程度时将搜集的素材系统地叠加到一起，将其中的理论总结、抽离出来。实地研究考察这一研究方法在构建传统体育的学科体系时是非常重要且必要的。

2. 构建基本学科框架

理论和文化都是建立在一定基础上的，同样，民族理论与民族文化的建立也需要具备一定的传统基础，传统体育文化的建立更是如此，否则就是空中楼阁。传统体育学科体系的基本学科框架必须要包含两个方面内容。

（1）基础理论。基础理论包含较为丰富的内容，对于传统体育来说，主要涉及其文化价值、基本特征、概念体系的研究，该学科和经济、政治、宗教、民俗、民族文化等方面都有关系，传统体育的内在规律就是继承、变异、传播、流行等。除此之外，与传统体育学相关的一些学科知识也包含基础理论的范畴，比如，少数民族的体育、民间体育、导引养生、我国武术史、体育美学、体育史、民俗学、民族学等。

（2）研究与应用。研究与应用就是重要的实践过程。通过研究与应用这一实践的开展，能对传统体育与其他活动的关系进行妥善处理，对于全民健身战略与传统体育的有机结合会产生积极的影响，除此之外，也能使学校传统体育开展更为顺利、更加合理，这对于传统体育的产业化、社会化发展有重大的推动作用。一般来说，传统体育体系的研究与应用涉及的内容除了体操、田径等基础运动项目外，还有其他学科，比如，运动力学、运动医学、运动生理学、运动解剖学、基础中医学、运动训练学、体育营销学、体育经济学等。

3. 设置学科主要专业

传统体育走入学校，设置传统体育专业是一个重要途径，如此，能大力弘扬我国民族文化，提升传统体育的地位，促使学生有效把握传统体育基础技能、基础技术、基础知识，指导传统体育内容的确定，明确传统体育的未来发展方向、趋势，培养具备传统体育科研、训练、教学等多种能力的优秀教师以及科研人员、运动员、教练等人才。

目前，很多学校普遍将武术作为传统体育学科专业的主要内容，相关民间体育、传统养生等处于次要地位，其他方面的项目则极少。国内传统体育项目上千种之多，如果只是片面地将其划分成以上三部分是极不合理的。这就需要在设置传统体育学科的专业时，把目光放到更加广阔的领域，统筹兼顾，涵盖传统体育其他的内容。所设置的传统体育学科的主要专业应包含少数民族体育、汉族民间体育、养生、武术等多个方面。

4. 完善体系指导思想

行为的产生需要思想的引导。因此，将有效的指导思想确定下来至关重要，其能够为传统体育的学科体系的构建起到指导作用。要做到这一点首先需要对该学科体系建构的挑战有一定的认识，并且将新的理念加入传统体育学科之中，为文化的可持续发展提供充足的动力。因此，这就要求在构建传统体育的学科体系时，一定要将社会发展情况作为考虑的重要因素，保证其与新时代发展相适应，以现代化思想对本学科体系进行优化与完善，遵循取精华、去糟粕的思想理念，让传统体育的学科体系的现实意义更加显著。

5. 落实学科体系创新

目前，传统体育的发展处于起步阶段，对专业人才的需求较大。为了与之相适应，创新学科体系需要对人才进行创新性培养，使传统体育各个项目与社会发展需求相适应，从而有效提升传统体育学科体系的科学化程度。与此同时，传统体育项目的创新投入也要有所增加，通过各种方式的运用，来有效提升传统体育的专业质量，使学生的相关意识也逐渐培养和建立起来，将传统体育的价值分体现出来。由此，进一步使传统体育精神在学生身上得到传承、发展和弘扬。

五、传统体育文化传承体系构建过程中的几点思考

（一）保持传统体育独特的民族性和传统性

中国传统体育自古以来受民族文化的影响，比较重视人与自然的和谐，认为人与自然相辅相成，形成了独特的文化。传统体育以修身养性为主，以追求"健"和"寿"为目的，以"身心合一""动静结合"为特点。它讲究"内外之合"，提倡"神形兼备"，尤其重视表现其"精、气、神"，着重在姿态的意趣里显示人格，形成了独特的健身养生特色。因此，传统体育的发展应保持其独特的民族性和传统性。

（二）创新开发传统体育项目的内容和形式

随着人们生活水平的提高，人们对生活质量的追求不断提高，因此，传统体育必须适应人民生活、娱乐和休闲的理念，不断创新其项目内容和形式。发展传统体育不能简单地对其进行"复制"，而是要有针对性地进行创新，要改变过去传统体育单一的发展形式，把传统体育更多地运用到现代教育、健身休闲、交流展示、文化传承等社会发展需要上来，同时要借鉴现代体育成果和现代生活元素，为传统体育发展服务。

（三）传统体育需坚持走与现代体育相融合的道路

全球化对于我国传统体育文化发展可谓机遇与挑战并存，在受到现代体育文化冲击的同时，也给传统体育文化发展提供了崭新的背景，促进传统体育的发展需要整合传统体育与现代体育的关系，主动吸收现代体育的成就，同时保持传统体育的独立性，发扬传统保健的主体性、主体意识，认识传统体育独特内涵。因此，在现代体育为主要内容的形势下，将传统体育与现代体育融会贯通是传统体育进入 21 世纪的必然要求。

（四）学校教育是拓展传统体育发展空间的有效手段

学校是体育发展的摇篮。受现代文化和经济大潮的冲击，部分传统体育项目处于弃旧而未迎新的相对真空期，发展传统体育更是当务之急。所以进入教育体系、从孩子抓起是传统体育发展的必由之路。

（五）开展全民健身运动是传统体育发展的机遇

1995 年，国务院颁布实施了《全民健身计划纲要》，它是国家发展社会

事业的一项重大决策，是以社会主义现代化建设为时代背景，面向 21 世纪发展我国体育事业的重要文件和新时期群众体育发展的纲领性文件，其宗旨是"国家发展体育事业，开展群众性体育活动，增强人民体质"。全民健身已经成为我国现阶段群众体育运动发展的主要趋势和方向，而传统体育项目可以充分利用这一机遇，寻求自身发展的空间和解决定位选择等问题，利用自身项目多样化、适应性广泛等特点，加快传统体育的改革，完善传统体育自身体系的建设，编创适合全民健身锻炼方式的保健养生运动项目，对于全民健身计划的实施无疑是十分重要的。

第二节　传统体育文化传承方式与途径

一、传统体育文化传承方式

(一) 口传心授

口传心授是传承传统武术最重要的方式，主要包括两个方面，即口传和心授。在这两个方面中，口传是授技，心授是授法。侧重点也有不同，口传重视"形"，即习练方法、表现手段、演练技巧。而心授侧重的是"悟性"，所谓"只可意会不可言传"，这需要人们之间进行情感、心灵方面的沟通。

另外，传统武术是由实战攻防技法发展演变而来的，每个人在习练时都会有自身的感受和体会，正所谓"道可道，非常道"，只有师父细致入微地筑基、固本、授技、讲道，习练者才能准确把握其中的奥妙。

(二) 身体示范

身体示范也就是言传身教，与口传心授的区别就是口传心授注重内在的悟性，身体示范则是直接进行外在动作套路的教授。作为传统武术传承的重要方式，其主要是先进行言语方面的讲解，在此基础上进行相应的技术动作的演练。一般身体示范包括功力训练、套路演练、实战技击等身体文化内容，通过各种外在的形体活动，将武术中各种技巧、方法、哲理、美感等清晰地展现出来。所谓"百闻不如一看，百看不如一练"，身体示范对传统武术的传承、延续至关重要。

（三）观念影响

传统武术的传承不仅是技艺的传承，还有武术德行的传承，即武德。观念影响使习武者受到传统武术的武德熏陶，成为合格的习武之人。观念影响这一传统武术的传承方法分为两个层面，一个是宏观层面的观念影响，另一个是微观层面的观念影响。如果人们在习练传统武术时能够形成积极向上的风气，则会对参与其中的人施加、健康向上的影响，这就是宏观层面的影响。在微观层面，其观念的影响主要是指师徒之间在教授技艺的过程中，通过师父的启发、训导、以身说法等给下一代传输道德规范。

（四）生活方式

民族传统体育文化的传承方式和途径有多种，按其生活方式形式的不同，可分为物质生活方式与精神生活方式两种。

一个民族传统体育活动的生活方式，是本民族长期以来自然形成的，是本民族人们共同遵守的一种生活文化习性。它被一代代地传承和发展下来，代表着一个民族特有的文化内涵与丰厚的文化底蕴，同时也负载有许多独特的文化观念。这种生活方式中包含民族物质文化与精神文化，具有较大的稳定性，但也会与时俱进，并促进体育文化传统的进化。

（五）节庆习俗

节庆活动是民族传统体育文化中不可缺少的重要内容，例如，汉族的中秋节、傣族的泼水节等，这些节日虽然每年只举行一次，但其文化功能是不可低估的，它对传统体育文化的传承起着推动作用。

（六）语言与文学艺术

语言是思维的载体，它是一种文化符号，促进着民族传统体育文化的弘扬，与民族传统体育文化具有十分密切的关系。当人类还处在有语言而无文字的时候，语言对民族传统体育文化的传承的重要性是不可估量的。除了语言外，文学艺术也对民族文化及民族传统体育文化的传承起着非常巨大的作用，随着社会的进步和时代的发展，它还发展出引导和重塑的作用。

（七）毗邻交流

毗邻交流也是民族体育文化传承的一种形式，事物总是由发源地向外呈辐射状传播。距离是媒介不发达时代交流的主要障碍，所以，某一项民族体育活动的接受范围总是由近及远。18世纪前体操项目在瑞士及德国兴起，随后逐渐向其周围的波兰、比利时、荷兰、意大利等国扩散。至1870年，这些国家都开展了这项运动，然后才逐渐传到世界各地。中国的武术也是由东南亚开始逐渐传遍全世界的。可见，地理上的毗邻对民族体育项目的交流传播起到了相当强的辐射带动作用。

二、传统武术的传承途径

传统武术的传承途径通常为群体传承、师徒（家庭）传承、学校传承和社会传承。对于每种传承途径的分析具体如下。

（一）群体传承

群体传承是传统武术传承的基本形式之一。它是指一个群体的社会成员共同传承某种形式的传统武术，使得传统武术得以继承、发展和创新。集体性是其基本特点，在这一社会群体中，要有着共同的文化背景，在此基础上以传统武术作为桥梁，促进彼此之间的文化认同。

在传统武术的发展过程中，群体传承做出了很大的贡献。比如说太极拳的发展，在其演变过程中，很多对太极拳发展做出重大贡献的人都是从群体中涌现出来的，杨式太极拳的杨露禅、孙氏太极拳的孙禄堂、武氏太极拳的武禹襄、吴氏太极拳的吴鉴泉等，对太极拳的发展都发挥了重大的作用。因此，集体参与是太极拳的技术和理论体系日益完善的基础。

群体传承不仅是传统武术技艺的重要传承途径，也是中华传统文化传承和发展的途径，如民间的一些禁忌、风俗、礼仪等是由民众从生活生产中总结而得，同时又会对这一社会群体的日常生活起到一定的规范和约束作用。传统武术文化中的行为制度也同样受到一定地区的社会风俗习惯的影响，从而形成了特定的传统武术礼仪制度、行为规范、规章戒律、道德规范，即武德。"习武先修德"，武德的传承便是群体传承的体现。自古人们就认为道德是为人之根本，道德追求是人生的最高理想和最终归宿。这种道德至上的观点对传统武术影响至深，因此武德在传统武术文化中占据着重要的位置。例如，少林有"练功十忌"等。

在传统武术传承发展过程中，由原生态的传统武术衍生了很多门类，这些门类大都是由群体创造的，是群体智慧的结晶。这些创新的武术又通过群体传承的途径世代流传至今，维持了我国传统武术的传统性和完整性。群体传承有多种形式，有的是在一定的文化圈之内，还有的是在一定的族群范围内，但不管是哪一群体，都有某种相同的文化特点，由这一族群内的人共同参与。在这一群体中，会显示出相同的文化心理和共同的信仰。

（二）师徒（家庭）传承

所谓师徒传承与家庭传承在某种意义上是相同的，通常是指在某个家族或群体的范围内进行的传统武术的传授和习练活动，这一传承形式实现了技艺和文化的传播和发展。很多时候武术的传承是在家庭范围内进行的，如陈式太极拳，由陈王廷创始，一直有陈氏家族世袭传承人，但也有五湖四海的人慕名而来拜师学艺，因此家庭传承也不仅限于血缘关系。

在我国传统武术的传承中，师徒传承占据着非常重要的位置。我国自古就有拜师收徒的故事，尤其是在传统武术方面，很多故事成为脍炙人口的经典。师徒（家庭）传承途径成为主要的传承途径与我国的传统思想有很大的关系。中国人自古家庭观念较重，重视血缘关系和家族凝聚力，张岱年先生曾说："中国文化以家族为本位，注意个人的职责与义务；西方文化以个人为本位，注重个人的自由和权利。这是东西方文化之间很重要的一个差异。"因此，在中国人心中，家庭要高于个人利益。按照中国的伦理关系，父慈子孝，都是对家庭每个成员的责任的规范。对于没有血缘关系的人之间，我国也有相应的伦理规范，如"师徒如父子""一日为师，终身为父"等观念。在这些观念的影响下，人与人之间的关系得到了更好的维系。传统武术从本质上来说是属于家庭传承。我国传统武术在传承过程中也有类似于家谱之类的传承图谱，上面记录着师徒之间的传承关系，这也在一定程度上反映了武术传承的"家庭化"。

虽然说师徒传承跟家庭传承有很多共同之处，但家庭传承具有封闭性的特点，这是跟师徒传承有所区别的地方。

在古代中国以农耕生活为主的社会中，家庭无疑是中国传统社会的最基本单位，在当时社会的影响下，一个由血缘关系组成的习武群体，以家族长辈的经验认知为主导，在家族内部闪烁着温情脉脉的人伦色彩。但是这种家庭传承具有很强的文化排他性。这种排他性对本门拳种的技术和理论的发展保持了拳种的正宗和传统，但也阻碍了与其他拳种的相互交流。

师徒（家庭）传承具有凝聚性的特点。在这种传承途径中，以"师父"为核心，在徒弟拜师以后，师徒之间就形成了一种类似于"父与子"的契约关系，同样，师兄弟之间也产生了类似于"手足兄弟"的关系。如此，虽然传人来自四面八方，但各门各派在这种关系下形成了一个"大家庭"。大家严格按照伦理关系中的尊卑长幼之序，形成了一个富有凝聚力的团队。

群体传承和师徒（家庭）传承有着一定的关系，具体来说，群体传承包含着师徒（家庭）传承。师徒（家庭）传承构成和丰富了群体传承的内容，群体传承又促进了师徒（家庭）传承的发展。师徒（家庭）传承是群体传承的基础，支撑着群体传承的发展。

（三）学校传承

学校传承与师徒传承有很多的相似之处，在学校中称教授者为"老师"，这与师徒传承中的"师父"很相近，只是"老师"是职业传承，而"师父"则是义务传承。学校传承是传统武术传承的新途径，它是在武术被列为校园教育内容后形成的。目前，传统武术的自然传承环境出现了危机，学校传承成为这种社会背景下传统武术传承的选择。这种传承方式能够在一定程度上扩大传承面，从而有利于发现并培养杰出的传承人。学校传承对传统武术的发展起到巨大的作用，党和国家也非常重视学校传承这种途径和方法，不断完善学校传统武术的教学内容，为其发展提供了政策、资源、设施等方面的支持。在传统武术的传承上，学校传承途径将会发挥越来越大的作用，并成为传统武术传承的重要途径之一。

三、传统体育文化传承的超越

（一）结合经济发展与精神文明建设

在传承与发展民族传统体育文化的过程中，要同时站在文化资源和文化资本的角度看待民族传统体育文化。要在发展民族传统体育文化的同时，重视民族传统体育文化的经济价值，让二者同时发展，既做到弘扬体育文化传统，又发展和挖掘了其自身的经济潜能，实现民族传统体育文化对地方特色经济发展的促进作用。当前正在大力推进社会主义精神文明建设，这就要求民族传统体育文化的传承与发展，要紧密结合当前的精神文明建设，一方面要重视民族传统体育的文化内涵，另一方面从构建和谐社会的角度推进经济发展。

（二）完善体育文化法律保障机制

保护和发展传统文化遗产是历史赋予我们的时代使命。然而在经济浪潮的冲击下，使得这项任务显得更加艰巨，必须兼顾文化、历史和经济发展的多重需要，为了能够健康和谐地发展，必须加强传统文化保护的法制环境，建立起一整套与之相适应的法律、法规，从体育、文化及知识产权等角度对传统体育文化实施一定的、必要的法律保护政策，同时加强相关的法律法规的设立与管理，以有效保证我国民族传统体育文化事业的发展。

（三）促进体育文化体制改革

民族传统体育文化的传承既是保护也是创造，要想获得民族传统体育文化的快速发展，首先必须加快体育文化体制的改革和创新。重点要加强传统体育文化基础设施的建设，完善公共文化服务体系，同时建立传统体育项目的活动场馆，努力扩大传统体育文化的影响力。引进俱乐部及产业制度，实行产业化经营，市场化运作，建立健全资产经营责任制，积极推进公司制或股份制改造，努力培育一批有实力、有活力的传统体育文化企业。

（四）壮大民族传统体育文化产业

根据国内外体育产业的发展经验来看，一个运动项目的发展和壮大其实靠的是其背后的产业力量的推动。在西方体育发达国家，体育文化产业已经相当成熟，甚至成为国民经济的重要支柱。我国要想实现民族传统体育的壮大和发展，必须重视发展民族传统体育产业，培养优势产业集群。产业集群的培育需要我们对传统体育文化产业进行合理、有效的改造，并发展循环经济模式。传统体育文化产业的循环经济模式的发展必须以体育消费带动体育产业发展，反过来，发展的体育产业可以更好地为体育消费服务。

（五）不断进行技术创新

由于环境、社会，经济等多方面的原因，我国有很多民族传统体育项目正濒临消失，这其中一个重要的内在原因就是广大的人民群众对传统体育文化的认识不足、热情不高。因此，需要激发广大群众参与积极性，才能使它们远离消亡的边缘，获得持续发展。但是，激发群众的参与热情需要以人为本，以满足广大群众的实际需求为出发点，这些需求包括体育运动的需求、简单方便的需求、符合时尚潮流的需求以及满足文化自豪感的需求。因此，传承传统体育文化需要结合社会实际情况，不断地发展和创新，积极打造属于中华民族特有的体育文化品牌，走出自己的文化特色，从而自信地走向世界，向世界各族人民分享我国传统文化的魅力。

（六）借鉴西方优秀体育文化的发展模式

我国民族传统体育文化的传承与发展，可以积极借鉴西方发展体育文化的成功经验，增加交流与合作，最终实现各自的创新和共存。世界本来就是多民族共存，多元文明相互促进和影响，勇于借鉴他国的成功经验是加快我国发展的有效途径。可以说，我国传统民族体育文化的发展取向应该是民族性同世界性的融合，将自身的精华部分同当今世界体育文化优秀成果进行借鉴和融合，只有这样才能构建起一种生命力更为强大的新型的体育文化体系。

四、新媒体时代传统体育文化传承和创新途径

在内容构建得到落实后，接下来需要进行路径选择。政治导向、社会需求等是路径选择环节需要考虑的重要内容，并最终通过传承形式与传承介质进行落实。

（一）民族传统体育文化传承和创新内容的主要形式

传承形式的选择要考虑具体内容，在内容确定后，高效传播成为传承形式选择与策划的指导思想。高效传播除了要求传播速度快、传播范围广外，还要求受众对传播内容具有较深理解。新媒体时代民族传统体育文化传承和创新内容可以采用多种传播形式。

1. 基于网络化与移动化的电视平台

体育类电视节目是人们了解体育运动的重要渠道，比如中央电视台第五套栏目是专项体育频道，可以设立民族传统体育专项板块，让人们从电视上领略民族传统体育的风采。除了体育频道外，新闻频道、综艺频道等也可以加入与民族传统体育相关的内容，尤其是综艺频道，可以通过真人秀的方式邀请嘉宾亲身参与到民族传统体育中，从而使人们对民族传统体育更加细致的了解与认识。电视平台在民众中具有广泛的普及度，随着移动互联网与智能手机的发展，民众更是拥有了广泛接触民族传统体育的时间与空间，这对于营造良好的民族传统体育文化传承和创新氛围产生了重要推动作用。

2. 通过电影、电视剧、话剧、歌剧等方式表现民族传统体育

比如制作一部专门以民族传统体育为主题的电影，可以是叙事片，也可以是纪录片。在获取创作素材时，可以以实时举办的民族传统体育赛事为基础，通过各种自媒体平台对体育赛事全程直播。形式只是手段，获得切实的内容才是最终目的。将民族传统体育赛事记录下来，既可以将其作为制作电影、电视剧和话剧等的素材，还可以将其通过互联网平台直接传播，从而为传统体育的传承与发展奠定坚实的物质基础。

3. 将新生事物应用在民族传统体育文化传承中

新媒体时代诞生了很多新生事物，如网络游戏、自媒体直播、虚拟现实场景等，这些都可以应用在民族传统体育文化传承中。网络游戏十分受年轻一代欢迎，如果能将民族传统体育内容融入网络游戏，则能为年轻一代提供一个了解民族传统体育甚至爱上民族传统体育的渠道；当前自媒体直播十分盛行，传承人可以利用这一平台展示民族传统体育，通过交流互动让人们更加了解民族传统体育；虚拟现实场景依托虚拟现实技术形成，可以让人们在虚拟场景中与民族传统体育密切接触，并参与其中，进一步了解民族传统体育特征，感受其乐趣所在。

（二）民族传统体育文化传承和创新内容的主要介质

表现形式要与表现介质结合起来才能发挥作用，形式要靠介质来落实。民族传统体育文化传承形式多种多样，尤其在新媒体技术的协助下进一步朝多元化方向发展，但无论方式如何精彩，最终都要通过介质使其发挥出最大作用。在实际情况中，传播介质的最终确定代表着传播对象与影响范围的确定。在新媒体时代，民族传统体育文化传承介质包括以下几类：

第一，新媒体归属于媒介范畴，可以作为传承介质发挥应有作用。新媒体有着极大的影响力，比如智能手机的广泛应用为人们提供了随时随地接触新媒体的渠道，人们不仅可以使用手机了解民族传统体育信息，还能通过社交媒体获得近距离接触民族传统体育的机会。具有类似功能的还有平板电脑、电子书阅读器等智能移动终端。

第二，在新媒体技术的推动下，信息传播渠道不断增多。在诸多传播渠道中，社交媒体的受众一路攀升，比如微博、微信等平台均已经得到了人们的广泛认可。这些平台不仅具有极快的传播速度，而且在"关注互联"机制的促进下，信息传播范围极广。

很多学者在研究民族传统体育文化传承和创新时经常陷入一个误区，即在传承和创新中强调民族传统体育文化的严肃性，比如，在拍摄民族传统体育文化电影时，会按照文艺片标准进行拍摄，这样虽然能更好地呈现民族传统体育文化的诸多特征，但却因为缺乏娱乐性而被"束之高阁"。新媒体渠道为丰富民族传统体育文化的多样性提供了支撑，比如一些游戏公司以民族传统体育为模型开发出了相关游戏项目，从而让人们在玩游戏的同时学习体育文化知识。与传统传承介质相比，新媒体介质突破了时空限制，使受众数量大幅增加、传播范围更广。

（三）民族传统体育文化传承和创新的实施

在确定内容构建与路径选择之后，接下来需要制定具体的实施措施。实施模式是诸多实施措施的统称，实施措施是否具有操作性会直接影响实施模式的最终效果，因此，实施模式又被称为民族传统体育文化传承和创新的"发动机"。想要使这台"发动机"展现出足够的动力，首先要了解当前时代特征，并对当前民族传统体育文化传承和创新中的影响因素进行深入分析，而后以此为基础建构切实可行的实施环节。只有如此，民族传统体育文化传承和创新才能继续下去，为传承中的持续创新奠定坚实的基础。

新媒体时代的民族传统体育文化建设要从多个方面进行优化调整，要精细到位，保证传播主体、传播内容、传播渠道和传播对象充分发挥应有作用，从而为取得更好的传播效果提供有力支撑。具体而言，新媒体时代民族传统体育文化传承和创新可通过数字化建设得到更好的实施。

1. 构建民族传统体育文化数字化资源库

随着信息技术的发展，人们能够体验更快的网络速率，尤其是 5G 时代的到来，促使信息传播形式、内容形态等均产生了巨大变革与换代。在民族传统体育文化数字化建设中，利用先进信息技术对现有民族传统体育文化项目进行收集、汇总与保存是重要举措之一，这能突破传统文字手段的桎梏，将服饰、动作、身姿等以图片、影像等更为直观的方式进行存储，进而构建具备综合性、全面性的数字化资源库。这样的资源库不仅能容纳大量内容，还能让用户更便捷地查阅与学习。

2. 建立民族传统体育文化数字化博物馆

民族传统体育文化内容众多，传统整理方式存在效率低、效果差的弊端。

数字化博物馆在彰显文化内容发展历程方面有着重要作用，比如在呈现某项体育文化内容时，与其相关的节日活动、过往历史和发展政策等也会包含其中。然而，想要建立民族传统体育文化数字化博物馆，需要多方共同合作，包括地方政府部门、体育文化机构等。在建设完成后，可以创建官方网站作为重要的宣传渠道，网站页面要"直奔主题"，清晰准确地展现出民族传统体育文化数字化博物馆的特征，从而达到吸引受众关注的目的。当然，数字化博物馆的功能也要不断丰富，不能只局限于受众观看层面，还要提供休闲、竞技等功能项目，进而让受众对民族传统体育文化有更加深入的了解与认识。

3. 搭建"互联网+民族传统体育文化"教育资源平台

在民族传统体育文化建设中，让受众真正领略其内在魅力至关重要，但这要建立在对传播对象充分了解并进行针对引导的基础上。搭建教育资源平台正是为了实现这一目标。在这一平台上，新媒体的应用使青少年群体可以更为主动地获取信息，尤其是那些动态的音像视频更容易吸引他们的目光，从而使其在学习与了解时更加专注。VR 技术的不断成熟，可以实现通过营造虚拟环境让学生近距离感受民族传统体育以及完成亲身体验，这将会推动民族传统体育文化得到更好的发展。

4. 建设"互联网+民族传统体育文化"产业文化品牌

文化建设需要有坚实的物质支撑，发展文化产业势在必行。在信息时代，应依托互联网发展文化产业，比如创办相关赛事活动，而后以此为基础打造销售民族服饰、传统工艺品、体育用具等周边产品的电商产业链。同时，赛事活动也能为线下旅游、线下民族传统体育项目体验等提供支撑。

综上所述，新媒体时代的民族传统体育文化传承和创新要从多个方面优化调整，要精细到位，保证传播主体、传播内容、传播渠道和传播对象充分发挥应有作用，从而为取得更好的传播效果提供有力支撑。只有如此，我国民族传统体育文化的独特风采才有机会走向世界舞台。

第三节　传统体育文化的继承与融合

传统体育是在特定的自然条件和社会历史背景下形成的，具有鲜明的民族性、历史性和地域性。各民族在珍视本民族的传统体育的同时，又都力图取得民族体育文化的进步。作为传统体育文化的一种载体，传统体育本身必然是精华与糟粕共存，需要取其精华，去其糟粕。但对传统体育的改造必须慎之又慎，应该尊重民族感情和习惯。因此，继承与改造都应沿着它自身原有的方向，维持原有的形式。对传统体育的改造，主要是价值转变，也就是重新认识，确立传统体育在现代社会生活中的独特价值和作用，并且尽可能用现代科学理论对其各种功能作出科学的解释。

传统体育在"古为今用"的原则下，得到了有效的开发和推广，究其原因就在于批判地继承了各民族的原始核心即"母题"，使我们在继承和发展某个传统体育项目时，就能深深地感受到某个民族远古的生活气息，从其投足、举手、服饰、道具，就能区分出所属的民族，通过其表现形式和内容，就能使我们对这个民族的历史有所了解。

现代传统体育不是对古代传统体育的简单回归，也不是对世界体育的单纯皈依，它是统一的现代世界体育的有机组成部分。一个民族体育项目既然在一定的历史阶段得以产生，就必然随着社会的发展而发展。只要是以传统的"母题"为核心，并与民族的现实生活和文化状况相协调，就必然会具有其民族特色，这是我们继承与发展传统体育的前提和依托。

一、传统体育文化继承中的保护策略

(一) 培养对民族体育文化的自觉意识

1. 唤醒社会的"文化自觉"，保留民族体育文化发展的痕迹

文化的根系总是深培厚植于民族的沃壤之中，文化创新的高度往往取决于对民族文化遗产挖掘的深度。所谓"文化自觉"是20世纪90年代社会学家费孝通先生提出的，他指出："文化自觉是生活在一定文化中的人对其文化有'自知之明'，明白它的来历、形成过程以及其所具有的特色和它的发展趋向。"2006年北京大学中文系乐黛云教授在北京国家图书馆"文津讲坛"的演讲中指出："我们正面临着一个世界的大变局，要寻求另一种文化全球化，即一种多极均衡、文化多元共生、各民族和谐共处的全球化。"文化自觉是文化主体对自身的文化内容、文化渊源及文化发展前途的觉醒，其中不仅包括对文化中优秀元素的认可和对消极元素的批判，更是对已有的文化价值观的反思和建构，文化自觉在实践层面表现为理性的文化态度。

正如联合国教科文组织指出的那样："对于许多民族，非物质文化遗产是本民族基本的识别标志，是维系社区生存的生命线，是民族发展的源泉。"我们不仅要关注自然生态之河的断流、森林面积的缩小、臭氧层的消失，更要关注古老深厚的民族文化之河的断流抢救与保护，各民族优秀文化的传承，需要全社会的共同觉醒和努力。

一种民族体育项目的消失或者失传会让我们永久失去一种民族文化的符号，民族体育文化不能像断线的风筝，随风而逝。在当今世界经济全球化、科技现代化、政治多极化的趋势中，民族体育文化面临着单一化的危险，在此背景下探讨民族体育文化的保护有其独特意义。全国人大常委会副委员长许嘉璐指出："在与西方文化的碰撞、冲突乃至吸收中，我们要自觉地加强中华民族文化的建设而在中华大文化建设中，我们的民族民间文化又处于相对的弱势，亟待加紧保护和建设。"保护民族体育文化不仅是保护几项传统游戏、几个比赛项目、几项民俗运动，更是保留民族走过的痕迹，从而唤起民族的文化自觉意识，使体育文化自觉上升到理性的层面，成为全民族认同的价值和行为方式，以吸引更多的人加入保护民族体育文化的队伍之中。

民族体育方面的文化自觉从主体上分为个体民族体育文化自觉和民族体育文化自觉。个体的民族体育文化自觉是个体从反思自身的体育思想、行为进而觉醒到思想行为背后的民族体育文化。民族体育的文化自觉则是整个民族对自身体育文化经历获得的整体意识的反思。个体的民族体育文化自觉与民族的体育文化自觉是辩证统一的，个体的民族体育文化自觉表现会构成整体的民族体育文化自觉，整体的民族体育文化自觉又融入个体民族体育文化自觉中。这种民族体育文化自觉意识是文化主体在文化自觉中所表现出来的文化主体性特质，民族体育文化自觉表达和体现的是对本民族体育文化的起源、形成、演变、特质和发展趋势的理解和把握。对本民族体育文化与其他民族体育文化关系的理性把握，是对民族体育文化价值观的建构。

2. 民族体育文化自觉意识的养成要素

当人们深入民族体育文化的内核，就会发现现代人恒定的民族体育文化价值观缺失是普遍现象，松动的民族体育文化观念是共同特点。在现代人民族体育文化价值观的肢解日益强化下，民族体育文化自觉意识的养成对于个体体育和民族体育建立恒定的文化价值观具有重要作用。民族体育文化自觉意识的养成需要具备如下要素。

（1）民族体育文化的超越意识。民族体育文化的超越意识是指对民族体育文化的反省、审视和批判。唯物主义的文化观认为文化存在决定文化思维，文化思维反作用于文化存在，这正是文化自觉的理论基础。民族体育文化超越意识的表层含义是人作为体育文化的存在，总是寻求着自我的超越、极限的突破、自我的意义，而它是通过在体育实践中创造体育文化的对象化过程来实现的，人在对象化的体育文化存在中找寻自身，又试图通过创造超越的对象化存在达到自我的跃迁。

民族体育文化自觉意识养成下的民族体育文化超越意识需要深厚的民族文化积淀，这个文化积淀里一定要具有人以外的超越性的客体，而这个超越性的客体给予人的是终极的体育文化价值观，如此体育文化存在下才可能有相应的民族体育文化超越意识，所以我们需要检讨在我们的民族体育文化中是否有此因素。民族体育文化自觉意识的养成不仅需要文化超越意识和现代民族体育文化秩序，还要用批判的眼光面对传统民族体育文化及其他民族体育文化。

（2）民族体育的文化边界意识。文化边界意识是对文化赋予主体的定性和定位感的获得，属于文化安全范畴。2009 年中国社科院研究员、中国民族学会副会长兼秘书长何星亮在谈到文化安全时就指出，要树立文化自觉意识。如果说"开放意识"是当代人经历各种文化交织后已经培育出的心态，那么在这个心态下，"文化边界意识"就是一种文化生存意识。

体育文化边界意识的功用在于对自我民族体育文化体系把握中不单了解自我民族体育文化的核心及其衍生的体系，而且对衍生的范围、延续的边界有所觉察。人之所以在民族体育文化自觉意识的养成中建立民族体育文化边界意识，其原因在于：

首先，人是在文化中生成自我，但自我价值一经文化建构就容易走向绝对化。在历史中人往往把一些观念绝对化，今天却在把人或自身绝对化，绝对化的后果是走向抽象和偶像的困境，最终是虚无的结果。在此背景下，人审视自身民族体育文化方向时，发出警戒的底线意识，即边界意识。

其次，现代体育文化自觉意识养成中，民族体育文化边界意识之所以成为构成元素，在于在物质主义和感觉主义充斥的西方现代体育文化氛围中，民族体育文化边界意识能够体现文化主体性，由理性出发引导人类健康的体育文化情感，从而在世界体育文化张力中不至于因民族体育文化主体的自主性反而丧失民族体育的自主性。人类要建立有恒定民族文化价值观支撑的民族体育文化，要在民族文化自觉意识养成民族体育文化边界意识，凸显其中的整合调适作用。

（二）提高民族体育文化的认同感和自豪感

保护民族体育文化资源，要在全社会形成对民族体育文化的认同，对民族体育文化有强烈的自豪感。在体育锻炼活动中，除了进行现代的体育活动项目外，应自觉参加民族体育项目的运动，以民族体育文化为荣，自觉地维护民族体育文化，弘扬民族文化。如法国在 WTO 条款上要加上"法国例外"，充分表达了法国对民族文化的自豪和骄傲。韩国、日本的跆拳道和相扑在进入奥运会前后，都完整地保留了本民族体育文化的全貌。进行民族体育文化资源的竞技化、产业化开发是体现一个民族体育文化自豪感的关键途径，要将民族体育文化进行适当的改造、包装，形成体育文化产品，诸如举办武林大会、中外搏击比赛，然后向外输出中华体育文化，这有利于转变民族体育文化的封闭性质，使其成为开放性的文化。

为了使各民族更好地提高对民族体育文化的认同感和自豪感，了解并传承本民族体育文化，需要将其与教育相结合。挖掘民族体育项目，开发具有地方特色的民族体育课程并使之进入课堂，这是很好的生态保护与活态传承方法。各民族地区中小学乃至高校可以利用课程改革的机会，将民族体育文化项目纳入课程设置，帮助学生了解各民族体育文化，增强学生的民族自信心和民族自豪感。

（三）推动政府重视民族体育文化的现代化转型

对民族体育文化的保护不是静态的尘封，而应该在保护的基础上进行合理收集、整理、开发，实现多样性的终极目标，从静态的保护向动态的开发转变。

（四）重视相关人员的培养

民族传统体育的保护必须重视相关人员的培养，具体包括传者、受者及管理干部三类人员的培养。

传者是保护民族传统体育文化的首要环节。民族传统体育文化的保护要求传者必须融会贯通地掌握传播理论和传播手段，为了提高传播和保护的效率，实施传播时主要通过现代教育的方式进行。传者的职业道德十分重要，不可以有狭隘的保守意识，否则会使传承的资源截流。在民族传统体育保护过程中，传者的传授水平及道德素质十分重要。

受者是传承和保护民族体育文化的重要部分。受者具有规模庞大、分散居住、流动性强等特点。民族传统体育文化的部分受者仅仅生存在一个特定地域，接受信息资源有限的资讯，即受者具有"小众""分众"的特征。要重点培养受者对中华民族传统体育文化的情感。目前，中华民族传统体育面临的迫切任务就是引发受者的喜爱。民族传统体育应该以传统为根基，以不同民族分众志趣为出发点，以创新为动力，使民族传统体育文化焕发时代活力。

管理干部在民族传统体育文化的保护中起着重要作用。民族体育现代化、科学化、社会化发展的实践表明，传统体育的师徒传承方式已不能满足现实的需求。需要民族体育管理干部长期深入民族地区进行宣传、普及、提高工作。因此，尤其要注意培养少数民族体育干部，因为他们与民族群众有天然的密切联系，深谙本民族、本地区的风俗习惯，有利于更准确地执行党的民族政策与体育方针，使民族传统体育的发展逐步走向正轨，得到振兴与繁荣。

二、加快民族传统体育文化的可持续发展

（一）促进民族传统体育的技术发展

促进民族传统体育的技术发展是民族传统体育文化可持续发展战略的核心，要大力继承与传播传统民族传统体育技术。同时要科学地进行挖掘、整理、改革并创新民族传统体育技术，使民族传统体育技术真正为民所用，扩大民族传统体育人口，积极发挥民族传统体育的健身、娱乐、教育等功能。

（二）建立富有特色的竞赛体制

竞赛体制是民族传统体育文化可持续发展战略的先导，体育练习与实践检验兼备是竞赛体制符合民族传统体育技术特征的基本要求。富有特色的民族传统体育竞赛体制要符合以下两方面的要求。

（1）从形式上看，富有特色的民族传统体育竞赛体制不可与举牌评分等同，也不能与其中一些项目的给分方式一样。

（2）从内容上看，富有特色的民族传统体育竞赛体制不能局限于徒手对抗，还应当有技击较量。这样的竞赛体制可以使民族传统体育的训练方法得

到充分发挥。

（三）举办多种形式的民族传统体育竞赛

通过组织和举办一些民族传统体育竞赛，不仅可以为民族传统体育的产业化发展做宣传，而且能提高运动员的训练水平。目前，散打王争霸赛就是民族传统体育值得借鉴的范例。除此之外，民族传统体育也要在合理规则的引导下，通过比赛带动相关产业发展，进而促进民族传统体育的可持续发展。

（四）做好民族传统体育的科学研究工作

理论的思维是民族传统体育站在科学最高峰的基础。中华人民共和国成立后，党和政府十分重视民族传统体育学科研究。但与现代化体育项目的科研成果相比，民族传统体育的科研工作还处于自发盲目的状态，民族传统体育理论严重滞后于实践，民族传统体育科研工作的第一步就是做好科学理论的研究工作，只有具备了完善的理论基础，才能规范民族传统体育技术，才能继承与创新民族传统体育，推进民族传统体育的可持续发展。

（五）提高民族传统体育工作者的经济收入

在民族传统体育发展的过程中，要使广大民族传统体育工作者感到自己的工作具有一定的社会价值和意义。另外，民族传统体育在满足了实现自我价值需求的同时，还能给民族传统体育工作者带来较丰厚的待遇、较高的社会地位，以激发他们将更加强烈的责任感和使命感投入到民族传统体育工作中。

（六）加强民族传统体育的改革与创新

民族传统体育的改革和创新是在继承与尊重民族传统体育文化的基础上进行的，改革与创新应保存民族传统体育的原有价值，进一步挖掘现代价值，开辟新领域，构建新形式，促进民族传统体育朝着多元化的方向发展。民族传统体育文化要走可持续发展道路必须经过改革与创新。

加强民族传统体育的改革与创新主要从以下几方面做准备。

1. 制定国家标准

由于民族传统体育的技术复杂，没有统一规范，因此制定国家标准，促进民族传统体育的创新很有必要，制定国家标准要注意以下几点要求。

首先，制定统一的国家标准，重视民族传统体育的文化内涵的发展。其次，保留民族传统体育的特性，根据社会需求进行相应改造。最后，保留民族传统体育的典型招式，增加民族传统体育的趣味性。

2. 构建民族传统体育创新体系

目前，我国民族传统体育的理论研究滞后于实践，构建民族传统体育理论创新体系，对民族传统体育的可持续发展具有重大意义。

民族传统体育的理论研究要突出学科研究的角度，要以自然与社会科学为基础，以民族传统体育技术为主干，突出重点，综合多学科。构建民族传统体育创新体系具体操作方法如下。

（1）运用生理学、解剖学、动力学、教育学等现代综合学科知识对民族传统体育进行详细诠释。

（2）在保持民族传统体育技术风格特点的基础上不断完善民族传统体育的技术体系，并根据不同的习武对象编排内容。

（3）完善民族传统体育的训练体系，统一民族传统体育的表演观赏性和技击性，在保留民族传统体育技击的前提下，充分表现民族传统体育的艺术特征。

3. 创建民族传统体育现代化的创新模式

加强民族传统体育间的交流，只有多样化的项目共同发展才能促使民族传统体育全面发展。民族传统体育现代化的创新模式包括以下几方面：以科学的理论指导为基础；以正确的价值定位为前提；以开展竞赛交流活动为动力；以市场化、产业化、商品化发展为有效途径；以实体化和职业化发展道路为保证；以政府的支持与推广为保障；以实现国际化发展为最终目标。

4. 促进民族传统体育文化与企业文化的有机融合

民族传统体育文化的可持续发展不能忽视一个重要的文化载体——企业。充分发掘企业潜力，鼓励企业开展活动，有机融合企业文化与民族传统体育文化可以为民族传统体育文化的可持续发展创造新的突破口，主要原因如下。

（1）企业职工的素质相对较高。传承民族传统体育的方式一般都是民间家传，传承与推广人群素质参差不齐，如传承陈氏太极拳的主要是陈家沟的农民。相对而言，企业人群的文化素养较高，企业具有较高的市场竞争力，其员工多为大学生，研究生甚至学历更高的人。高学历人群掌握、理解、推广民族传统体育的能力相对较高。

（2）企业高层开展民族传统体育运动可以推动其发展。在快节奏的环境中，多数企业管理者都有颈椎病、肩周炎等职业病，这就需要民族传统体育活动的调节与改善，增强管理者的体质。

三、中西民族体育文化的相互借鉴与融合

西方现代体育文化思想的代表——"奥林匹克体育"是以古希腊体育思想为本源和主流，历经文艺复兴运动与现代科学革命洗礼，伴随现代社会文明进步相运而生的现代体育思想，其核心内容集中表现在"更快、更高、更强"和"均衡发展"两大主题上。

随着中国民族传统体育开始走向国际体坛，与奥林匹克运动全面接轨，蕴藏着深邃的文化内涵、拥有丰富的内容体系、具有鲜明的民族特征的中国传统体育文化也逐渐引起了西方人的好奇和兴趣，并逐步受到关注与青睐。

例如太极图中蕴含着中国传统文化以人为中心的特征，传统讲"宇宙为一大太极，人为一小太极"，这个太极图的圆既是自然，也是人，人在自然中。但自然为大太极，人为小太极，小太极是大太极的浓缩，是大太极的精华，自然在人的四周。中国传统哲学思想主张万物一体，天人合一，主张要在时间的无线绵延中实现自我，其实现自我价值的最高方式是对万物一体、天人合一的一种自我满足的境界的享受。

这种哲学思想反映在民族传统体育中，表现了独特的民族体育思想和丰富的文化内涵，就是创立了体育健身中的"阴阳"学说，"天人相应"学说，"五行"学说，"精、气、神"学说，形成了"不唯养形，尤重养神""不唯局部，尤重整体""不唯强体，尤惟养护""不唯健身，尤重延寿"等养生之道。

西方国家在其传统哲学思想上形成的竞技体育文化——在"更快、更高、更强"中实现竞争，超越和体验追求无限，也就是奥林匹克精神。西方传统哲学思想认为人是有限的，人相对于无限完满的超验本体来说是有欠缺的，认为人生在世的最高意义和价值就在于渴望和追求这个最高的、最完满的无限性，要在超时间的无限中实现自我。有限的个人崇尚一种无所不包、超时间的、超验的、超感性的、是圆满的无限性整体的概念。中西方体育文化虽然在哲学与理念上存在差异，但是在体育文化认识上也有其一致性：追求健康和长寿。这点是体育的根源，也是民族体育文化借鉴的基础。借鉴适合本土体育文化发展的非本土体育文化理念与方法，完善自己的民族体育文化思想与行为模式，从而更好地在国际舞台上展示自己内在的特色。

第五章　传统体育的发展探究

传统体育在经过长期的发展后，已经形成了一个具有丰富内容和鲜明特色的庞大系统，具体包括竞技、表演、健身和娱乐等各种项目。随着历史的发展，人们不断创造出新的体育文化产品，新文化产品不断累积，在传统文化产品的基础上逐渐形成文化。作为文化形成和发展的基础，传统文化必须被保存下来，这样才能促进体育文化不断累积，不断创新，逐步向前发展。

第一节　传统体育文化未来发展的体系构建研究

一、传统体育文化的未来发展走向

（一）传统体育文化精神特征逐渐强化

文化最重要的属性当属物质特征与精神特征。其中，物质特征是文化的外部属性，构成物质文化的内容；而精神特征则是文化的内部属性，构成精神文化的内容。文化的物质性和精神性在传统体育文化中也有着较为突出的表现。从物质文化方面看，可以将传统体育文化分为游牧民族体育文化、农耕民族体育文化、渔猎民族体育文化、草原民族体育文化等不同的类型；从精神文化方面看，则可以将传统体育文化分为传统体育文学艺术、传统体育审美观念、传统体育伦理道德等类型。由于这些重要特征不同，导致传统体育文化的特点也呈现出一定的差异性，组成了传统体育文化的民族性内涵。

随着人们物质交往关系的加深，经济生活的联系向越来越紧密的方向发展，世界必然成为一个不可分割的整体。在这个整体当中，人们在体育活动中的相互影响更为显著，体育文化物质生活方式上的同质性也就越来越突出，必然导致体育文化物质生活的模式化、同一化和单一化。这样一来，就大大削弱了传统体育物质文化重要的民族性特征。然而，尽管人们依赖于一定的物质条件和物质手段，但是仍然十分向往和追求精神世界的充实和满足。正因为如此，在未来社会所展示的外部物质世界愈加变得相似的情况下，人们对传统体育文化内部所衍生出来的传统价值观念的重视程度就会越来越高，并力求通过挖掘这种独特的价值观，将本民族的传统体育文化特征充分体现出来。此时，传统体育文化的精神性特征就得到了进一步的强化。

因此，随着未来社会全球经济一体化进程的不断加快，相较于过去，物质上的相互渗透融合将表现得更加引人注目，会进一步加剧民族性特质在物质文化上的弱化。与此同时，也会进一步强化传统体育文化的精神性特征。

（二）体育文化传统特征与时代特征的互补和并存

作为一种维系文化生存的重要力量，传统是不会消亡的，只会被未来社会改造。未来文化是在对传统的吸收与重构的基础上逐渐建立起来的。因此可以说，传统是建构未来文化体系不可缺少的因素。这并不意味着传统体育文化的解体，而是传统体育文化的再生，具体来说，可以认为是新传统的诞生。关于这一问题，汤因比说过这样一句话："旧文明的解体，并不意味着一切都结束了，在解体过程中产生的统一国家、统一教会和蛮族军事集团里已经存在着新旧文明植递代兴的契机。"由此可以看出，传统文化就是在新旧文化的交汇、吸收、重组和碰撞中走向未来的。

对于未来的传统体育文化来说，不仅融入了强烈的民族性特征，同时也融入了鲜明的时代性特征，并且会逐渐形成民族传统与时代精神互补和并存的体育文化新格局。但是，并不能说明这已经是一个各种类型传统体育文化大杂烩的时代，实际上，这只是一个体育文化多质、同质和异质被重新整合的时代。所以，未来传统体育文化的价值取向也就体现为传统体育文化的包容性与涵化性。实际上，未来体育文化的演变趋势已经在当今许多民族的传统体育文化发展中有所体现。从一定意义上来说，传统体育文化能够对现代体育文化的发展起到积极的促进作用和导向作用。

在中国许多少数民族地区的传统体育文化中，随处可见这种传统特征和时代特征互补并存的现象。民族之间传统体育文化的发展存在一定差异性；这表现为，有些民族比较先进，其现代社会特征比较明显，有着较为突出的时代精神（如开放观念，商品意识、新型生活方式等）；同时，也有一些民族则显得相对落后（如基诺族、布朗族、苦聪族等），甚至有一些民族一直处于较为落后的状态（如独龙族、怒族等）。但是，在中国当代这种不断迈向现代化进程的时代背景之下，为了更好地促成这些落后民族地区在脱贫致富的基础上发展民族传统体育文化，就必须根据各地区的实际情况，采取一些特殊的措施，并且借助某种适当和有效的政府行为的介入（如体育经济扶贫和体育文化扶贫等）来完成这一目标。

除此之外，这一重要目标的完成，还离不开引导这些民族转变文化观念，由传统封闭的生活方式转向现代开放的生活方式，加速其文化转型。这是最根本的一项重要措施，具体来说，这是一种借助于外部因素的积极引导和影响作用下所实现的文化转型，因此，其带来社会发展的超常规性和跳跃性，并且出现跨越几个社会发展形态的特殊情况是必然的。传统体育文化的传统特质和现代体育文化的时代特征不仅是互补的，也是并存的，这能够在上述这种跨越中得到充分的体现。

（三）传统体育文化多元性特征和世界性特征的汇合

多元性特征指的是传统体育文化在未来的发展中将改变过去那种单一，纯粹的本位形态，将以一种积极主动和开放的形态去容纳和吸收各种异质体育文化成分，形成一种既相互独立又相互联系的多元互补关系。这不仅代表未来体育文化发展趋势的多维文化态势，还是一种具有更大的兼容性和融会力的体育文化力量。由此可以看出，这种多元性文化特质与未来社会所拥有的兼容并蓄与共同发展的新型体育文化观念正好相符合。

相较于传统社会，未来社会是力求打破封闭体系的一种社会，它所建构的体育文化从根本上对传统体育文化发展非常有利。而传统社会是一种封闭式的社会，其奉行的文化都存在着一定的落后性，比如，文化优劣论、"非我族类，其心必异"的狭隘文化心理等。

传统体育文化的多元性对体育文化的发展提出了更高的要求，即要有多种不同的样式和格局。其包含的内容丰富多样，不仅有传统的东西，同时也有现代的东西；不仅有东方的东西，同时还有西方的东西。在现代社会，体育文化逐渐走向大融合。因此可以说，体育文化的世界性并不是由哪个国家或者民族发明出来的，更不是凭空构造出来的，而是在不同传统体育文化与时代精神的相互阐释和共同作用下，通过一种文化融合、沟通、互补和吸收的方式实现的。由此可以看出，传统体育文化的世界性就寓于这种多元共存所达到的一种对未来的认同和理解之中。同时，传统体育文化还具有超越特定民族特点和范围的体育文化通约性。

二、传统体育文化发展中存在的问题

(一) 地理生态问题

城镇化是现代国家发展的趋势，但我国人口众多，目前仍有半数以上分布在广大农村，这也意味着我国城镇化进程还要持续很长一段时间。在城镇化和大规模水利交通设施建设的进程中，原来相互紧密联系的村落被高速公路、铁路、城镇结合部分割开来，在城市不断膨胀过程中，由于城市发展的规划失控与当地政府的倾向性建设，使城市空间处于不规则发展状态，中国大地，逐渐被分割成越来越多的地理区域，诸多文化赖以生存的地理生态环境同时也被分割开来，遭受破坏。

民族传统体育文化的存在一般需要多个村落或者族群共同支撑，许多民族传统体育的开展基础是青年婚恋与嫁娶，这就意味着民族传统体育文化要在不同族群之间展开，地理生态上的分割，让这些传统逐渐失去存在的空间。随着我国经济快速发展，城镇化在广大少数民族地区也在加速，少数民族地区高速公路不断修建，铁路已经延伸到西藏、新疆、云南、广西等边远地区，在未来中国城镇化造成的地理分割将必然延续很长一段时间。地理生态环境是文化赖以生存的物质基础，城镇化引起的地理结构分割必然是中华民族传统体育文化发展中要面对的问题。

(二) 群体年龄结构问题

中华民族传统体育文化存在于民间，尤其是广大农村，如抢花炮、抛绣球、板鞋竞速、蚂拐舞等，在过去我国人口流动相对缓慢，民族传统体育项目传承人的群体年龄结构比较稳定。改革开放之后，我国人口流动加速，青壮年涌入城市，广大农村的群休年龄结构中，老年和少年儿童比重很大，而青壮年较小。城市之中，则倾向于两头小、中间大的年龄结构。

以向城镇单向流动为主的人口流动仍在继续，这种情况下形成了广大农村与城市人群的年龄结构不均衡，民族传统体育文化也失去了传承的土壤，呈现群体年龄结构上的断层。以广西靖西为例，那里是绣球之乡，但是随着外出务工青壮年的不断增加，投绣球招亲的传统已逐渐消失，即使有投绣球的活动也多是销售绣球的作秀，其根源在于青壮年的外出，出现投绣球活动的传承断层。大部分青壮年的城市方向流动与部分青壮年以及老年、儿童的留守，形成了城乡群体年龄结构的失衡，造成中华民族传统体育文化传承的困难。

（三）群体心理结构问题

当代中国，随着科学技术的高速发展，加快了社会发展的速度，同时也加深了老年与青年、富人与穷人之间的隔阂。农村的老一辈留恋过去的农耕生活，新生代希望积极融入城市，青年们继续追求自由与民主，老一辈在现代化进程中面对信息的快速更替由被动适应逐渐转向主动适应。与此同时，中国现代化带来的大量物质财富积累在整个国家扩散开来，财富分配失衡、地域工作机遇差距拉大、贫富子女价值观取向偏失等问题也接踵而来。

当下中国现代化的进程带来物质财富与信息的快速转移，也带来价值取向的多元化，就今天整体来看，西方功利性心理倾向开始占优，过去的"小富即安"思想与"普农思想"即将消逝，青壮年对民族传统体育文化传承的文化心理环境也随之丧失。在区域民族传统休育文化传承过程中，不同区域不同年龄层次文化心理上的差异引起对于民族文化所持态度的不同，影响着中华民族传统体育文化的连续传承。

（四）体育项目的分布问题

在西方近代体育的冲击之下，民族传统体育活动方式渐渐式微，西方现代体育逐渐登上我国主流体育舞台。今天我国的学校体育开展的主要是西方体育项目，民族传统体育项目保护与开展步履维艰。但是毕竟几千年的文化传统，很多民族传统体育项目有其生存的底蕴与空间，例如太极拳、少林功夫、高脚马、荡秋千等仍普遍在国内流传。

在西方体育项目不断冲击下，民族传统体育在西部省市开展相对多一些，部分学校逐渐引入民族传统体育项目，全国民族传统体育运动会、全运会、农民运动会等赛会逐步引入民族传统体育项目为民族文化的传承打下了基础，但是西方体育项目仍是主流，民族传统体育项目的存在在政府组织的施政倾向中仍然被边缘化。纵观全国，目前西方体育项目与我国民族传统体育项目的博弈过程中，民族传统体育的发展仍很零散。

三、传统体育文化体系构建的原则与策略

（一）传统体育文化体系构建的原则

1. 坚持保持"民族性特质"的原则

文化体系是不同民族在不同社会环境、不同历史背景中产生与发展起来的，能够反映不同文化内容的结构性特征，并且能够将其与其他民族、其他地域或国家的文化区别开来。它所体现的文化特质就是一个民族独有的特色。不同民族的文化体系也是各不相同的，不管是哪一个民族，都不应该将自己的文化体系强加于其他民族。

尽管在全球化发展浪潮下，体育文化已基本实现了全球化的雏形（全球范围的奥林匹克运动会），但对于承载着完全民族文化情结的传统体育文化来说，它的根基和表演平台却始终与本民族的文化、政治、民俗、礼仪、道德、民族性格、地域环境等有着密切联系。因此，在构建传统体育的文化体系时，首先应该对其发展进程中的"民族性特质"的保持和延续进行重点考虑。只有这样，才能够使传统体育发展的根基更加巩固和坚实。所谓保持传统体育的"民族性特质"，主要表现在两个方面：一方面，应该在其产生、发展的环境中，选择更好的发展途径，也就是要保持其"区域民族特性"；另一方面，在向外文化渗透、碰撞和融合的进程中，应保持其原创文化精髓。只有在这种理念的指导下，才能够保证文化体系构建的客观性与科学性，使其与实际情况相符。否则，发展传统体育的美好愿望便会成为空中楼阁。

2. 坚持"文化筛选"的原则

文化具有稳定性和变动性的特点，稳定性是相对的，变动性是绝对的。文化的筛选是在对传统体育文化进行再认识和发掘的过程中建立起来的，同时，其还提出了一定的要求，即在这一过程中找到一个新的传统体育文化与社会发展相适应的结合点。这一点对于我们构建传统体育发展的文化体系有着非常重要的作用。

我国的传统体育项目种类繁多，据统计，可达 977 种之多。这样的数量和分布将文化发展的物质基础和庞大资源系统充分体现了出来。但由于我们国家和民族发展历程的特殊性，民族文化在过去的历史时期较少与外来文化进行交流和碰撞，在民族体育中原创文化的含量仍占有较大比重。在众多的

民族传统体育项目里，其传统成分在很大程度上决定其文化内涵、运动形式、运动器材和运动场所以及参与运动的主体，其中或多或少地保留着封建的、不科学的或与现代社会发展不适应的成分。从现代意义上来说，这些成分的存在与时代和社会发展潮流是不相符的，在一定程度上阻碍了传统体育的现代转型和发展，是传统体育文化中的糟粕，是需要被抛弃的。所以，要发展传统体育文化，实现现代意义上的发展，坚持文化发展过程的筛选原则是非常重要且必要的。

3. 坚持重塑传统体育的原则

当前，关于传统体育的重塑，最基础的理解是应该对我国传统体育进行全面的分析与综合、解构与重构、发掘与扬弃、转化与创新。要完成这一目标，就必须以不断发展的社会观为指导，以体育所承担的社会功能为出发点，以人的可持续发展为目的，通过现代体育观念，对我国传统体育实施解构、整合或重构。具体来说，应该做到两个方面的要求：首先，是以先进的体育思想、机制和观念指导传统体育进行改良；其次，加快中国传统体育现代化的进程。

只有坚持用科学的理论与方法对传统体育进行甄别、选择、更新和转化，才能使真正意义上的传统体育的复兴得以顺利实现。

传统体育重塑，必须坚持体育服务大众，服务现代社会的发展改良观。同时文化的可同化观、可融合观也必须要建立，否则，一定会减弱传统体育的当代社会效用和文化效用。

传统体育资源中有合理科学的成分，有适应社会发展的积极因素，这是事实，也已经被承认。但是，关于传统体育如何发掘、利用这些资源和价值，当前还没有一个统一的说法。通常情况下，就体育发展的趋势而言，应当对传统体育从形式、作用、内容等多方面进行挖掘、整理、阐释、转化，从而使之成为世界体育的有机组成部分，在将其民族特性显示出来的同时，也将其鲜明的世界特性展现出来。

（二）传统体育文化体系构建的策略

以满族传统体育文化为例，其体系构建和保护策略如下。

1. 创造满族传统体育文化良好的外部氛围

满族传统体育文化不是孤立地存在与发展的，而是随着整个社会的政治发展和经济发展而不断地变迁和发展，可以说，有什么样的政治环境和经济环境，满族传统体育文化就会有什么样的变迁和发展。满族传统体育文化作为体育文化中重要而独特的一个部分，深深地受其外部环境和氛围的影响，因此有必要为满族传统体育文化健康有序发展而创造良好的外部环境。

（1）创设适宜满族传统体育生存和发展的政治氛围。满族传统体育最初源于日常生活，同时又"反哺"社会。满族传统体育倡导民族自强、爱国主义，具有旗帜鲜明的政治立场，有利于社会稳定和民族团结，满族传统体育在政治方面的意义远超体育运动本身的意义，已经成为社会主义建设和发展中不可或缺的一部分。满族传统体育的发展对于国民身体素质的提高、社会生产力的发展以及社会的进步起着重要的作用，因此重视满族传统体育、为满族传统的发展创造良好的政治条件是极其重要的。

（2）创设适宜满族传统体育生存和发展的经济环境。体育和经济也是互相影响的。体育的发展会带动社会各行各业的经济发展；同时，体育的发展也依赖于经济的发展，没有经济的发展根本谈不上体育的发展与进步。经济的飞速发展不但可以加大对体育运动的经费投入，诸如体育场馆、体育设施、体育器械的建设与配备，而且有利于体育产业的科学化、规范化和规模化发展。随着社会经济的飞速发展，满族传统体育也得到了恢复和快速的发展，反过来对经济的发展注入了活力。近年来满族人民生活水平逐步提高，对满族传统体育提出了新的需求，同时经济的发展也为人们对满族传统体育的需求创造了物质基础和保障。因此，为满族传统体育的发展创建良好的经济环境不但有利于满族传统体育本身的发展与传承，而且对于社会经济的发展也有良性的影响和作用。

（3）创设满族传统体育生存和发展的文化氛围。满族传统体育是一种独特的民族文化，满族传统体育的形成和发展是满族人民在社会生活中行为技艺的总结和凝练。满族传统体育是满族文化的综合形态，满族传统体育不是孤立存在的文化现象，与整个文化体系相互影响、互相联系，是满族文化中的一部分。它的形成依赖于满族文化的广阔背景，满族传统体育依托满族文化深厚的文化氛围，在一定程度上促动和培养民族认同感。

满族传统体育的产生和发展与满族人民的日常生活紧密相连，满族传统体育活动经常穿插在各种传统劳动生产、日常生活习俗中进行，满族的民俗活动丰富和发展了满族传统体育。古代的满族人生活中马是不可缺少的，出远门、打仗都需要马，所以每年农历六月满族人民都会举办马王节，纪念马王。即使当前满族人们在婚娶当天，都会"跳喜神"，表示添丁进子，人丁兴旺。因此，根据满族的民俗适当组织一些体育活动也有利于满族传统体育的发展。

2. 构建和完善满族传统体育文化内部组成部分

满族传统体育文化是通过满族传统体育来承载和体现的。满族传统体育项目主要包括竞技体育类、技巧表演类、娱乐游戏类、趣味益智类和养生保健类。

（1）体育竞技类。满族传统体育竞技类的项目主要是为了在比赛中获胜，以体育比赛为主。项目主要包括赛马、骑射、马术、射箭、蹴鞠、拔河、举重、摔跤、滑雪、滑冰、击石球和珍珠球。竞技体育类项目有利于增加参与者对民族的认同感，形成民族成员的集体荣誉感、归属感和凝聚力。

（2）技巧表演类。满族传统体育技巧表演类的项目具有一定的表演难度，需要表演动作准确、连贯、协调、熟练，并且表演是为了观赏，满族传统体育常见的技巧表演类项目有冰上杂技、冰爬犁、冰床、射香火、木兰围猎、赛威呼。这类表演一般有音乐伴奏，需要一定的技巧，通过身体的协调性和灵活性进行美轮美奂的表演，不但烘托节日的气氛，而且参与者和观赏者都会感觉身心愉悦。

（3）游戏娱乐类。满族传统体育游戏娱乐类的项目是在人们闲暇时间用于丰富生活的体育活动，项目主要有捉迷藏、老鹰捉小鸡、跳皮筋、扔沙袋、抓嘎拉哈、翻绳、打冰嘎。游戏娱乐类的体育活动可以烘托气氛调节情绪，让参与者感受和体验欢乐甚至是兴奋之情。

（4）趣味益智类。满族传统体育趣味益智类的项目是通过满族传统体育活动提高参与者心智能力的体育活动，常见的益智类体育活动有扯大锯、抓挠挠、逗逗飞、九连球和下五道。满族传统体育益智类体育项目没有体能、运动技巧以及时间和场所的限制，在小段的休息时间内就可以利用随手可得的一些自然物做道具来进行游戏，这类活动一般简单易学，在旁边看一次两次基本可以学会了。通过这些体育项目，不但放松身体愉悦身心，而且也有利于帮助参与者形成缜密的思维能力。

（5）养生保健类。满族传统体育养生保健类的项目主要是健康，具体表现为调养身体和心理，使人体内外平衡和谐，延年益寿。项目主要有雪地走、踢行头、拾锁、拉杠子、乌兰红、爬犁、贵由赤、秧歌、蹉步秧歌、单鼓舞、群舞。满族传统体育养生保健类的体育项目对于当下人们的健康也是尤为重要的，对于人们来说不但可以强身健体，还可以促进血液循环、缓解疲劳和疼痛以及提神，从而保健益寿。学业负担重的青少年缺少整块体育锻炼的时间，可以利用课间休息的时间进行一些简单的满族传统体育养生保健类的项目诸如雪地走和单鼓舞等，使疲劳的身体得到放松和锻炼，也可以起到一定的保健作用。

第二节　传统体育现实发展路径

一、我国民族传统体育的发展途径与策略

（一）我国民族传统体育的发展途径

1. 根植于民风民俗，开展广泛的民族传统体育的社会教育

通常情况下，学校教育是人们获取民族传统文化观念和知识的主要途径和来源。通过节日庆典、婚丧仪式等途径能直接接触民族体育，对民族体育产生深刻而清晰的认识，这易于民族传统体育的民风民俗传播。民风民俗使民族体育在民族群众的生活中得到了普及，使其具有了普遍性；它与民族史诗、民歌民谣的结合又使其具有了文化继承的必然性、必要性。这一传承途径具有很大的潜力。如今，各种各样的民俗旅游活动在我国很多民族地区都开展的不错，在以经济效益为物质基础的情况下民族文化的长足发展也得到了保证。这种民族传统体育的发展途径和方法值得提倡和发扬。

2. 同竞技体育相结合，扩大民族传统体育发展的领域

目前，我国大部分省市自治区都已建立了开展民族体育运动会的制度，这使民族传统体育项目的发展的制定得到了必要的保障。民族地区在一些民族传统体育（或相近似）项目上，显示出较强的民族优势。如"那达慕"大会是内蒙古自治区特有的民族活动，因而其在摔跤、马术等项目上占有一定优势。因此，一些极具地方民族特色的民族体育运动会，应被视为中华民族传统体育竞技化模式改造的方向。功利不应成为民族传统体育竞技化发展的主要追求，而应着重强调多民族文化的交流与融合，使其更体现人

性，更富有亲和力。它以全新的活动方式，如联欢型的体育节和娱乐参与等，代替了精英型的选拔式和强力展示，来实现对健康、健身、休闲的表达，并且对老年人、妇女等群体的体育参与倾向，以及对一些人群寻求新的体育形式的时尚性更加关注。

3. 健全民族传统体育研究的学科体系，丰富其文化内涵

在科学技术突飞猛进、新的研究手段和方法层出不穷的当今社会，先进的科学技术应该为民族传统体育的研究所用，为其研究服务，逐步建立起一个完善的民族传统体育研究的学科体系，从而为民族传统体育在新时期的发展奠定良好的基础。在发展民族传统体育的过程中，要组织一批文化学、民族学、民俗学、体育学学者合作研究，在严谨的科学态度和研究方法的帮助下对民族传统体育进行甄别、选择，从而使对民族传统体育的认识和研究更加的全面、深刻。在民族传统体育的文化内涵中对民族传统体育的本质特征进行全面而深刻的分析与探索，用现代的理论来诠释民族传统体育中一些古老的命题，赋予其新的内涵，使其富有新的意义，再结合现代体育的组织形式，对民族传统体育进行整合，既要显示其鲜明的民族特性，又要使其具有广泛的世界性，使民族传统体育屹立于世界文化的舞台之上，进而实现其真正意义上的复兴。

4. 结合学校体育教育，建立民族传统体育的教学体系

民族传统体育的传承与发展有很多途径，而学校就是其中之一，它是原始体育走向规范化、科学化、普及化的必由之路。我国的民族传统体育项目作为一种体育活动纳入全民健身体系是完全切实可行的。

将民族传统体育纳入学校体育教学，尤其是少数民族地区的学校，也可以为民族传统体育的长足发展提供有力的保障。具体做法为：首先，遵照人体发育的基本规律，选择一些适于中小学生开展的体育运动项目；其次，延伸与扩大到教材中去，使教材更具有民族性特点，成为学校体育教学内容的有益补充；最后，对课程进行科学、合理的设置和安排。此外，民族传统体育活动在学校的开展更需要教育部门给予足够的重视和支持，并采取相应的措施进行扶持，制定一些有利于民族传统体育在学校开展的相关政策和措施。

（二）我国民族传统体育的发展策略

1. 实现本土化策略

"本土化"特质是民族传统体育实现可持续发展必须坚持的策略。实现民族传统体育的本土化策略，应注意以下几点。

（1）正确应对市场化的冲击。现代竞技体育的快速发展，对民族传统体育的发展产生了一定的影响和打击。再加上民族传统体育在市场化进程中的不合理运作，致使其生存产生了危机。因此，我们需要结合经济发展对民族传统体育文化的优秀文化进行挖掘，合理运用市场机制，大力吸引社会资本流向民族传统体育市场，建立现代化的市场运作模式。

（2）加大宣传教育的力度。做好人民群众的宣传工作，进而提升民族传统体育在社会中的地位，是实施民族传统体育本土化策略的有效方法。这需要做到以下两点：第一，要加强开展社会教育的力度，充分利用各种文化场所、教育设施开展民族传统体育知识讲座、文化知识培训和鉴赏活动，使民族传统体育得到广泛地普及和推广；第二，将民族传统体育项目纳入学校体育教学课程，开设各种强身健体和愉悦身心的体育项目，将民族传统体育教育纳入全面素质教育之中。

（3）积极发挥政府部门的作用。非物质文化的保护需要依靠政府这一主体力量才能顺利、有效的进行，因此，政府应充分发挥其对民族传统体育的保护和扶植的作用，在政策、制度上为民族传统体育文化的保护提供相应的支持。发挥政府的主导作用，主要应做到以下几点。

①进一步健全和完善法律法规制度：在对各民族传统体育的具体实际情况进行了仔细研究的基础之上，政府要制定出民族传统体育保护的总体规划，加强民族体育传统文化保护的立法工作，使民族传统体育保护以法律的形式确定下来。

②对民族传统体育采取保护性策略：政府部门应在挖掘、整理、研究民族传统体育的基础上，通过设立专款专项对民族传统体育进行抢救性保护。尤其要花大力气补救那些优秀的但却处于灭绝边缘的民族传统体育项目，使其能够存活并传承下来。

2. 构建多元保护策略

采取多元保护的基本策略对我国民族传统体育文化遗产进行保护，使其逐渐向着科学化的方向发展，可采取以下几点主要措施。

（1）优先保护和培养民族传统体育继承人。在进行民族传统体育文化遗产的保护时，我们除了要注重对其物质、文化成果进行搜集和保存，保护和培养那些具有优秀才能的民族传统体育继承人也至关重要。作为创作并传承这些民族传统体育的人才，他们在知识和技能上比别人更加的专业和高超，且更接近于文化遗产"非物质形态"属性的本真，更符合"非物质文化遗产"的内涵，是民族传统体育发展的真正的灵魂。

（2）动员社会力量积极参与。保护和继承民族传统体育文化是一项复杂的工程，需要长期的努力，要充分调动社会各方面的积极性，各部门要积极配合，充分发挥和协调政府、社会组织团体、群众等全方位的力量和资源。在这个过程中我们要做好以下几个工作。

①加强与大众传媒的结合：在科学技术迅猛发展的现代社会，大众传媒的手段更加的广泛和迅速，因此，大众传媒可以使民族传统体育具有强大的社会号召力，从而使民族传统体育为更多的人熟悉并关注，进而扩大民族传统体育的社会覆盖面，通过影响人们对民族传统体育的态度和行为，进一步促进民族传统体育的发展。实际上，民族传统体育竞赛本身同样具有竞争性、激烈性及结果的不确定性，使得大众传媒也愿意为民族传统体育做好宣传和传播。经事实证明，民族传统体育与大众传媒的积极结合，能够积极、有效地推广和普及民族传统体育，能够很好地促进民族传统体育的发展。我国的少数民族传统体育运动会就是一个很好的例子。

②改革全国少数民族传统体育运动会：我国的"全国少数民族传统体育运动会"的主体是少数民族。这将汉族排除在外，从而造成汉族的许多传统体育活动项目无法进少数民族传统体育运动会，这对于中华民族传统体育文化的广泛传播和发展很不利。针对这一情况，我们可以通过对民族传统体育运动会竞赛体制的改革，将一些汉族传统体育项目吸引和接纳到其中。这对更多的中华民族传统体育走出国门、走向世界都具有十分重要的战略意义。

③形成以运动会为周期的竞训体制：某些民族传统体育项目必须结合现代运动训练才能走上竞技化发展道路，否则就难以获得较好的发展。为此，确定自己的竞训体系对民族传统体育很重要，通过专业运动员的培养，形成有效的训练和比赛周期，从而促进竞技水平的提高，吸引更多的人们参与其中。这对传播和弘扬我国的民族传统体育具有重要的作用和意义。

（3）建立专业的保护队伍和研究机构。建立专业的保护队伍和研究机构对于民族众多的中国尤为必要。因为我国内容异常丰富的民族传统体育项目，多处于偏远、环境复杂的地带，需要专业的队伍和机构进行保护、研究。

二、少数民族传统体育发展路径的思考

（一）从国家发展和社会和谐的全局来审视少数民族传统体育的发展

相关研究认为，促进西部地区少数民族传统体育走向可持续发展，首先要转变就西部地区少数民族谈少数民族传统发展、就体育本身谈少数民族传统体育发展的认识和实践框架。要构建一种国家发展和社会和谐视野上的西部地区少数民族传统体育的发展与实践观，东部沿海地区、非少数民族地区不能将西部地区少数民族传统体育的发展看作"他者"的体育；就西部地区而言，非体育部门也不能将"少数民族传统体育"看作"他者"的事业；从国家发展和社会和谐的全局这一视野来审视西部地区少数民族传统的发展，要求东部沿海地区及非少数民族地区和有关部门应该从国家健康发展和社会全局和谐发展的高度去开展相关工作，促进西部地区少数民族传统体育的发展。

（二）积极寻求少数民族传统体育的对话与互动

当前，我们讨论西部地区少数民族传统体育的发展事实上是在现代化语境下展开的，现代化语境下西部地区少数民族传统体育的发展面临着两难困境，固守自身传统的民族文化价值观可能会与现代体育的发展处于对立状态，放弃自己的文化价值又将导致本民族传统的丧失。

事实上，关于现代化与传统的关系的问题普遍存在于文化领域之中，对此问题，国内外社会科学界已有大量的研究，并且在 20 世纪 80 年代以来出现了对现代化与传统关系理论的反思。目前，占主导地位的研究主要有两种：一是通过描述现代化的历程，考察民间传统如何逐步被新的文化所取代；二是考察民间传统和其他传统如何在现代化过程中被重新改造，创新变为新的全民文化。

显然，人们关注的焦点已从描述传统与现代的矛盾关系或传统对现代化阻碍作用转移到关注民间传统在现代化过程中的出路，这可以为我们探寻西部少数民族传统体育的发展路径提供参考。本研究认为，西部地区少数民族传统体育的发展在现代化问题上，其一，应树立现代意识，努力融入现代体育洪流中，即要打破民族意识上的保持族群认同和单一性的传统观念对民族文化现代化发展的束缚，扩大交流，使民族文化汇入世界文化发展的大潮之

中。其二，"现代化不是单一性"，不等于不要民族特色，西部地区少数民族传统体育的发展不能完全照搬现代体育的模式，不能照搬东部的模式。其应有一个结合西部特点和民族特点来学习现代体育经验从而形成自身特色的过程，即在走向文明、现代的征程中，必须保持本民族文化的独特性。一方面，应充分地利用、合理地开发少数民族传统体育文化中的文化资源，把现代文化传播与少数民族传统文化模式有机地结合起来；另一方面，各少数民族都要从自己的传统文化中吸取建构新的民族传统体育的发展所需要的足够的因素，吸纳能体现民族文化精华的先进文化因子，赋予传统文化新的生命力和存在形式。

（三）建构少数民族传统体育与现代体育"各美其美、美美与共"的格局

我国著名社会学家费孝通先生在其 80 岁寿辰聚会上，就世界多元文化一体化格局下各种文化所应采取的态度，讲出了意味深长的 16 字箴言，即"各美其美，美人之美，美美与共，天下大同"。所谓"各美其美、美人之美"，即各种文明教化的人不仅要欣赏本民族的文化，还要发自内心地欣赏异民族的文化，做到不以本民族文化的标准去评判异民族文化的"优劣"，判定什么是"糟粕"、什么是"精华"。所谓"美美与共、天下大同"，就是各种不同的优秀文化共存、共荣，价值共识、共享，达到多元世界的"和而不同"。

当前，西部地区少数民族传统体育的发展同样是在全球化语境下进行的，各少数民族的本土文化、汉文化和现代西方文化都是西部地区少数民族传统体育赖以发展的基础，"各美其美、美人之美、美美与共"同样可成为推动西部地区各少数民族传统体育发展的一大路径。本研究认为，具体到西部地区各少数民族传统体育的发展，"各美其美、美人之美、美美与共"有三个层次：其一，应避免用主流文化的眼光去看待少数民族传统体育，从而认为少数民族传统体育落后，其文化应该淘汰、应为主流文化所替代，应做到主流文化和少数民族传统体育"各美其美、美美与共"；其二，各少数民族要能在强势文化面前认识到自身传统文化中的积极的东西，不妄自菲薄，首先做到"各美其美"，其三，各少数民族传统体育活动不仅要各自闪烁、交相辉映，还要有一种融入国家体育事业发展中的积极态度，做到美中

国体育之美，美世界体育之美。

三、民族传统体育文化的未来发展

（一）加强对民族传统体育文化的保护

传统文化在特殊环境中塑造出民族传统体育文化，民族传统体育如果没有传统文化内容，强势文化中的体育项目就会同化一些民族传统体育项目，从而威胁到民族传统体育的生存。

1. 坚持科学思想的指导

科学理论思想的指导是开展任何社会实践活动的前提。保护我国民族传统体育文化，必须坚持科学的思想指导，具体要做到以下几点。

（1）高度重视民族传统体育文化的理论建设研究。

（2）顺应民族体育学科的本质特征和客观规律，坚持以唯物主义世界观和现代科学理论与方法对民族传统体育进行保护，促进中华民族传统体育的全面繁荣。

（3）以多学科角度透视为基础，多方位、多层面地挖掘民族体育中蕴含的文化内涵。

（4）加强多学科、多方位合作，加强体育学与民族学、社会学之间的交流与借鉴，共同向着更深层、更广阔的方向发展。

2. 运用高新科技

当今社会，信息技术高度发达，可以用信息库的形式保存、保护民族传统体育文化。通过现代科技手段对民族传统体育文化中的各个环节加以数字化保留，将其纳入"中国非物质文化遗产数据库""中国非物质文化遗产影像档案"等系统，并充分利用多元性的全球文化，获取更广泛的社会保障，不断积累中华民族传统体育文化。然而，民族传统体育又绝对不能仅仅依托于数字化被动储存，因为它作为文化的一部分，只有在不断发展中才能彰显其生命力，所以应主动地保护和拓展非物质文化生存的空间，使民族传统体育具备良性的生存和发展环境。

（二）加快民族传统体育文化的可持续发展

1. 促进民族传统体育的技术发展

促进民族传统体育的技术发展是民族传统体育文化可持续发展战略的核

心，要大力继承与传播传统民族传统体育技术。同时要科学地进行挖掘、整理、改革并创新民族传统体育技术，使民族传统体育技术真正为民所用，扩大民族传统体育人口，积极发挥民族传统体育的健身、娱乐、教育等功能。

2. 建立富有特色的竞赛体制

民族传统体育文化可持续发展战略的先导就是竞赛体制，体育练习与实践检验兼备是竞赛体制符合民族传统体育技术特征的基本要求。富有特色的民族传统体育竞赛体制要符合如下两方面的要求。

（1）从形式上看，富有特色的民族传统体育竞赛体制不可与举牌评分等同，也不能与其中一些项目的给分方式一样。

（2）从内容上看，富有特色的民族传统体育竞赛体制不能局限于徒手对抗，还应当有技击较量。这样的竞赛体制可以使民族传统体育的训练方法得到充分发挥。

3. 举办多种形式的民族传统体育竞赛

通过组织和举办一些民族传统体育竞赛，不仅可以为民族传统体育的产业化发展做宣传，而且能提高运动员的训练水平。目前，散打王争霸赛就是民族传统体育值得借鉴的范例。除此之外，民族传统体育也要在合理规则的引导下，通过比赛带动相关产业发展，进而促进民族传统体育的可持续发展。

4. 做好民族传统体育的科学研究工作

理论的思维是民族传统体育站在科学最高峰的基础。与现代化体育项目的科研成果相比，民族传统体育的科研工作还处于自发盲目的状态，民族传统体育理论严重滞后于实践，民族传统体育科研工作的第一步就是做好科学理论的研究工作，只有具备了完善的理论基础，才能规范民族传统体育技术，才能继承与创新民族传统体育，推进民族传统体育的可持续发展。

5. 加强民族传统体育的改革与创新

民族传统体育的改革和创新是在继承与尊重民族传统体育文化的基础上进行的，改革与创新应保存民族传统体育的原有价值，进一步挖掘现代价值，开辟新领域，构建新形式，促进民族传统体育朝着多元化的方向发展。民族传统体育文化要走可持续发展道路必须经过改革与创新。

民族传统体育具有很强的现代社会价值，因此它的更新发展不能滞后于现代化发展，必须加强自身的改革与创新，完善自身体系和价值系统。

第三节　传统体育的国际交流与传播

一、民族传统体育面临的国际文化差异

(一) 中西文化本体有着显著的差异

人类文化的存在和发展，不仅有共性的一面，也有其丰富多彩个性的一面，这主要通过人类文化的民族差异具体地表现出来。众所周知，人类文化的具体差异是十分复杂的，而其具体差异主要分为人类文化的历史时代差异和民族差异两种。从美洲的印第安文化到日本的大和文化，从西方欧洲文化到中国华夏文化，从阿拉伯的伊斯兰文化到东方的佛教文化，都展现了人类文化的历史时代差异和民族差异。关于中西文化本体的比较，我们一般侧重于中国传统文化与西方近代资产阶级文化的比较。这两者显然都有着历史时代的差异与民族的差异。关于文化的差异，普遍认为只有相对的区别。具体而言，中国传统文化比较重视人与自然、人与人之间的和谐统一的关系；西方则比较重视人与自然、人与人之间的分别对立的关系。所以，自"文艺复兴"以来，西方文化复兴的是个性、自我超越、创新、奋斗、反传统等；中国文化则有所差异，侧重于内心修为、自然、继承传统、安怡等。我国民族传统体育文化在此文化底蕴之下就自然而然地注重自然的和谐、内心的愉悦。传统文化心理的继承等较西方文化不同的文化内涵，有较多的原始初文化的影子，诸如武术、放风筝、龙舟竞渡、秋千、舞龙、舞狮等。中西文化本体的差异性决定了中西文化在交流、沟通之中绝对不是一种缓和的相互包容、接纳，而是一种带有革命性的巨大文化冲击与反冲击。

(二) 中西文化主体有着显著的民族性格差异

从"人的文化存在即他的本质"这一命题出发，我们知道人是从文化世界获得价值意识的主体，是文化上意识的存在者与实现者。文化表现的是人的创造，反过来，文化又塑造着人。人的这种存在的本性，其实就是"本性外投"的一种存在。中西文化主体，即中西文化的创造者，或是受中西文化影响的生存者。中国人与西方人政治经济文化历史发展轨迹的不同，所处地理环境不同，其独自的人格心理个性就有着显著的差异：中国人注重人的道

德、人的社会性，强调"中庸"之道；西方人则注重个性张扬、人的自我存在，强调人的自由意识。在体育方面，中国民族体育文化的差异就多与休闲文化联姻，注重"自娱"与"娱人"。西方体育文化就是商业体育文化、竞技体育文化、博彩体育文化的合一，注重自我的得失。在奥林匹克运动重新勃兴以后，西方体育文化已具有世界意义，成为当代世界体育文化的主流。中国各少数民族人民的心理性格因政治经济文化多角度全方位的与西方交流，已与西方人形成渐同趋势，这使当今中国民族传统体育文化因文化主体心理性格的渐变而面临着严重的文化自我否定、排斥问题。

（三）中西文化存在氛围有着绝对的差异

对于中西文化的差异，我们不仅要进行广义的文化本体与存在主体的分析，而且要在狭义的文化概念中寻找中西文化因氛围的差异而存在的差异。从狭义的文化概念来看，中西文化存在着政治氛围、物质基础、地理环境等差异。西方的文化因地理位置的相对开放，工业文明、后工业文明以及生态文明的全面发展，无论在交通、通信、科技等社会生产力方面都远远优越于尚处在农耕文明时代的居住于贫困边远地区的中国少数民族文明。由于地理环境、物质基础、民族心理等多重自闭，我国少数民族地区的民族传统文化是一种原汁原味的野地文化，相对恶劣的历史地理人文因素，又使其长期处于自给自足的自然经济状态。物质文明与精神文明相对于西方都严重滞后，其文化发展前景问题就成为当今少数民族的发展焦点问题。在政府加紧对民族地区的开发下，民族地区的文化存在氛围已有较多转变，部分民族的民族个性不再显著，尤其是居住于城市而非民族地区的少数民族人民已淡化民族概念，受现代文化影响颇多，因此民族传统体育文化将面临发展为"孤岛文化"的危险。

二、我国民族传统体育文化国际化传播的现状分析

（一）国际化传播失真

民族传统体育文化发展历史悠久，其传承方式自古以来以师徒传承为主。但一般只有嫡系传人能够得到先人的真传，其他人要想了解庐山真面目有一定难度。而且古人认识水平有限，对于那些不确定是不是被人神化的运动他们往往分不清，而且无条件相信，所以有些传统项目包含神秘的魔幻因

素，这就造成了民族传统体育文化国际化传播中"失真失范"问题的出现。

以气功为例，这项运动作为中华民族优秀传统体育文化的典范，主要通过调整呼吸、身体活动和意识而强身健体、防病治病、延年益寿。但有些人因为认识偏差或有其他不良意图，刻意夸大气功的功能，导致伪气功泛滥成灾。一些号称"气功大师"的人打着为民服务的招牌到处坑蒙拐骗，严重危害人民群众的物质利益和精神健康，也给社会和谐与稳定造成了影响，这些不法分子的勾当导致气功的声誉被毁，严重影响了气功在世界范围内的健康与持续传播。

（二）存在恶性竞争

中华民族传统体育文化的漫长发展历史中涌现出很多生命力顽强的运动项目，几千年来代代传承，发展至今已经枝繁叶茂，甚至名扬世界，在国内国外都产生了深远的影响。正因这样，因为传承者比较多，所以不同分支与流派之间为了争夺"正宗传承者"而展开激烈竞争，甚至有人不择手段进行恶性竞争，从而严重制约了这些项目的健康传承与发展。以中国南拳之一的咏春拳为例，国际咏春总会是目前世界最大的武术组织，咏春拳在世界上多个国家和地区传播与发展，子弟门人有200万左右，全世界很多领域尤其是武术界、影视界和军警界都非常认可和高度追捧该拳术，咏春拳的名声早已享誉国内外。咏春拳现在有很多门徒，各个分支为了谋取经济利益，纷纷自诩为正宗传人，并不计后果地诋毁其他支派，甚至以武力解决问题，这就影响了咏春拳在国际上的进一步传播与发展。

（三）竞技化与商业化倾向严重

1. 过分竞技化

国际武术联合会十分重视武术运动的推广，并争取将此发展成为奥运会正式比赛项目。为了使武术运动适应"更高、更快、更强"的奥运会竞技要求，国际武术联合会对中国武术进行了竞技化、标准化的改造，使武术运动的规范技术动作合乎规则，而且有统一的评分标准，然后从动作难度、完成情况等方面对运动员的表现打分。但是，因为中国武术套路繁杂，不同门派武术的技法与要求有差异，所以很难对其进行标准化改革，而且从现有的成果来看，这方面的改革效果并不理想，不仅没有达到预期目的，反而影响了中华武术的魅力。

奥委会中有些工作人员认为中华武术和"中国式体操"没有区别,不符合奥运会"更高、更快、更强"的宗旨。而且一味按照奥运会的要求对中华武术进行改革也不利于武术运动的发展,将腾空飞脚、旋转720°转体等难度动作硬性加入连绵不断、行云流水的武术套路表演中会破坏武术的整体艺术风格,而且给人一种不伦不类、不洋不土的感觉。

对武术的传播与推广必须尊重武术发展的规律,关于武术的竞技化改革与发展,需探索符合武术发展规律与特点的科学方法,否则武术在竞技化发展道路上容易出现畸形或边缘化问题。此外,对武术进行标准化改革时,不能破坏武术的民族特色与风格,不能使竞技武术代替传统武术,要让中华传统武术在国际化传播中真正实现百花齐放的美好愿景。

2. 过分商业化

在商品经济时代,经济影响着一切,民族传统体育文化的国际化传播与发展也不可避免地受到经济的影响。原本在商业化原则下包装民族传统体育运动,积极营销,加强管理,对民族传统体育文化的发展是有利的。但如果将民族传统体育的商业利益看得太重,就会走向歪路,如坑蒙拐骗、故意夸大或将民族传统体育"神化",这样就起到了相反的作用,给民族传统体育文化的国际化传播与推广带来了危害。

在民族传统体育商业化传播的浪潮中,少林寺的商业化常常被世人鄙视和唾弃。例如,少林寺药局在历史上并不存在,原本只是在民间传说、武侠小说或影视作品中会涉及少林寺的灵丹妙药,而现实中根本没有出售少林秘药的少林药局,而且这和少林武术的历史传承丝毫没有关系,社会上有人为了谋取不正当的经济利益用少林药局进行营销炒作,这不仅制约了少林寺文化的传播,损害了少林寺的清白,也使老百姓的钱财和健康受损。

(四)缺乏明确的传播战略

传统武术作为中华民族传统体育文化的精华,在国际化传播中被过分强调表演性和多样性,导致武术套路过于艺术化。本来北京奥运会是中华武术来进入奥运会的最佳契机,当时我国散打运动展现出了良好的发展势头,而且散打运动符合现代奥运会的要求,如果重点推广散打运动,那么可能会被国际奥委会接纳。但当时我国武术运动管理者对向奥运会主推哪种武术形式还犹豫不决,而且判断出现了偏差,主要表现为两个问题。一是管理者认为我国散打运动类似于国际搏击运动，这项运动难以充分展现中华武术的文化特色；二是管理者担心我国散打运动水平与国际搏击运动相比还有一定的差距，如果主推散打，即使顺利进入奥运会，也难取得优异成绩。

事实上，我们应该清楚地认识到，如果我国的散打运动正式成为奥运会比赛项目，那么即使不能取得好的成绩，那也是中华武术的历史性进步，也是一种别具意义的胜利，这是推动我国民族传统体育文化国际化传播与发展的良好机遇。

（五）中华民族传统体育文化的劣势分析

1. 中华民族传统体育文化的相对封闭性导致人体文化的保守

中华民族的相对封闭性是保证了本土民族体育文化的必要条件，也是保持特色的前提。但是它也影响和制约着本土民族体育文化更加广泛的发展。

2. 上位权威的文化制约了人体文化的自主发展

由于中国传统文化具有至高位上的地位，对下位文化产生强大的影响。其弊端如汪茂和在《中国文化概论》所言："中国古代的科学中也的确形成了一些杰出的理论，如天人学说、元气学说等，但这些理论是功能普适型的理论，普适于天地万物以及人事和人身。这种高度普适性的理论，可以用来笼统地、模糊地解释一些自然现象，可当它一旦成为一种以不变应万变的律条时，也就成了人们对自然界进行具体的、有分析的探讨的束缚力量，最终成为人们深刻认识事物本质、形成科学性专门理论的障碍。"因此，一般认为中华民族体育并未能够借助传统文化构建自身的理论体系，从中得益的仅是相关个别项目的发展，整个学科受益不大，反而成为学科发展的障碍。

3. 中华民族传统体育本身的文化延伸不足

由于中华民族传统体育缺少全面的文化积淀，缺少必要的文化能量，中华民族传统体育的主体表现过于单一，未形成顺应社会发展的新型文化形态，而西方体育突破了自身的疆域，实现了跨文化的融合。比如西方体育与建筑文化融合的竞赛场馆设施，西方体育与学校教育融合的学校体育都是成功的范例。

综上所述，中华民族传统体育如果能够尽快克服自身不足的情况下，不断增强自身的文化力，便能够在新的历史时期实现全球化，为人类的文明共享服务。

三、民族传统体育国际化的必然趋势

国际化是指语言、文化、观念、商务等各方面与世界接轨的一种国际模式。20世纪80年代末以来，在西方，尤其在美国的社会文化人类学界关于或涉及全球化的论著或学术讨论越来越多，但是在国内学术界直接涉及全球化的论著或讨论还不多，从国际化的视角来研究当代民族传统体育的问题也很少。中华民族传统体育是中国体育事业的重要组成部分，是中华民族宝贵的文化遗产。许多优秀的民族传统体育项目，不仅具有很强的健身价值，而且有很高的艺术价值和丰富的娱乐、教育功能。中华人民共和国成立后，政府特别重视少数民族传统体育的开展，已挖掘整理出了1000多个体育项目。

2008年奥运会在北京举行，我们很自然地意识到，在经济全球化的浪潮下，竞技体育发展的国际化已经成为了必然趋势。在现代体育国际化的大背景下，民族传统体育面对国际化的趋势，有研究者认为"倘若现代性和体育全球化作为民族传统体育所处情境的历史特征确定无疑，那么，接纳现代性、融入全球化而又使自己民族体育的主体性高扬不坠应该就是我们别无选择的致思方向。"中华民族传统体育要想在世界上立足，归根结底也要有一定的群众基础。而对于拥有这种文化的中国人来说，我们必须用国际化的意识和眼光来制定发展战略，让更多人去认识、了解并接受中华民族传统体育。

体育作为一种文化的存在和发展，以公平竞争、努力拼搏、不断进取的体育精神和价值观念，促进和平、友谊、进步和维护社会稳定的体育理想，丰富多彩的活动形式和组织内容，严密完整的思想理论体系和行为规范，身体素质教育和社会道德教育的双重教育功能，对社会其他领域的广泛影响和独特作用方式，全球范围内的广泛参与和巨大影响力，成为可以区别于其他文化内涵而具有独立体系的一种文化形态而始终站在世界文化的前列。一百多年前，奥林匹克运动开始复兴并在世界范围内快速传播，使得体育文化最早成为世界文化中最带有普遍性意义的文化形态。

今天的经济全球化，对于我国民族传统体育来讲，既是一种机遇，也是一种挑战。全球化加快了世界体育的相互交流，给具有"深厚地域封闭倾向"的各国民族体育走向世界提供了机会和发展空间。但同时，体育的全球化在当前形势下很大程度上是以欧美竞技体育文化为主的全球化、是以输出欧美文化方式和价值观念的西方体育文化为主的全球化。西方体育文化源于古希腊，是以现代奥林匹克文化为代表的一种文化形态。它产生于欧洲，是西方近代工业革命和科技革命的产物，其形成的哲学基础是新教伦理中的"天人相对""天人有别"。它强调人的自我价值的实现，追求与环境和自身的竞争，崇尚不断达到目标而又不断地超越过去。因而，西方体育文化注重高水平竞技体育的技术、战术和训练方法的研究，强调体格和肌肉的强健。

中国民族传统体育文化则是（主要指黄河流域）农业文化的产物。它以"天人合一""身心一元""各安天命""无为而治"等为哲学基础，以"仁"为核心思想，以保健性、表演性为基本模式，以崇尚人的内在气质、品格、精神修养为价值取向的一种文化形态。

多年来，中国体育改革中文化的开发偏重体制、战略等外在形式，而没有看到人的内在潜力的开发、利用和积累。殊不知，人力资源在形成创造和创新力量中起着至关重要的作用。更新观念，体育部门的领导是关键，如果他们缺乏对全球体育文化发展的正确把握，不具备相应的管理知识，体育的发展就缺乏导向，体育文化的保护就缺乏措施。因此，中国传统体育文化创新的重中之重是管理层思想转型，把长期形成的体育文化的优秀内核与平等交换原则辩证地统一起来。

在体育改革的初级阶段，引进其他国家或地区的先进经验和做法是可行的，但是一定要在学习中有所创新，民族传统体育是中华民族优秀文化宝库中的珍品，民族传统体育的发展和形成，并以完整的、独立的文化体系存在，数量、种类之多是世界上任何一个国家没有的。据 1982 年的资料统计表明，我国的民族传统体育项目各类多达 977 种，其中汉民族的项目有 301 项，其他各民族的体育项目多达 676 种。它们的延续与发展，无不与不同民族的语言习俗、岁时节日、生活习惯、伦理道德、行为准则、价值观念、思维方式、思想意识、心态感情等联系在一起。"传统体育如同一个容量巨大的容器，蕴藏着大量极为重要的文化内容，其所表达的文化信息的方法程度是常人难以想象的。"因此，我们应该承认：民族传统体育这一经久不衰、生命力极其旺盛的文化的存在，充分说明它具有不可忽视的当代价值，拥有适宜的生存环境，具有文化继承的深厚土壤，显现出民族体育传统自身的文化传承价值。

因此，我们先应该建立足够的自信，确立民族传统体育是民族文化的宝贵遗产的理念，并且坚信民族传统体育在当代同样具有鲜明的世界性，从而积极应对全球化带来的挑战，把握全球化带来的机遇，为民族体育文化的发展和保护寻找一个坚实的支撑点——"和合"。"和合"是指自然、社会、人际、心灵、文明中诸多形相、无形相的互相冲突、融合，与在冲突和融合的动态过程中诸多形相、无形相和合为新结构方式、新事物、新生命的总合。中国体育文化只有在化解、协调现代西方体育文化所面临的冲突和危机中，发挥出自己独特的魅力和价值，才能赢得世人的认同，才能真正走向世界、走向现代化。也就是说，中国民族体育文化的世界化和现代化，实质上是一而二、二而一的问题。要对中国民族体育文化进行保护，要实现中国民族体育文化的发展就需要文化的转生。转生的主旨是中国民族体育文化的人文精神，这个精神的生命智慧，便是和合学。它既是民族精神的转生者，也是中国民族体育文化整体性、结构性有机转生的载体。它不是某一文化机械的、简单的转生，而是"融突"和合的转生。这种转生是中国民族体育文化创造性再生的延续，而不是民族体育文化原封不动的传承；它内在于中国民族体育文化人文精神的蕴涵，又超越中国民族体育文化人文精神固有的底蕴。

毋庸置疑，对民族传统体育文化的保护和发展，是一个复杂的、艰巨的、长期的任务，它不仅要求对民族体育文化的精髓有深刻的认识，而且要求对西方体育文化有全面的了解，进而在高扬民族传统体育文化主旋律的前提下，融合、吸收、接纳西方体育文化，进一步改良民族传统体育文化，使之更具有竞争性和时代感。

四、传统体育文化对外传播构想

（一）中国民族体育文化对外传播的主要依托

现在条件下，中国民族体育文化的对外传播主要依托什么？我们提出以下两点设想：一是依托孔子学院；二是依托志愿者。

1. 依托海外已建和在建的孔子学院

众所周知，孔子学院，是随着中国国际地位的不断提高和国际交往的日益广泛，根据世界各国了解中国、与中国加强合作的强烈愿望，中国进行的一项对外文化传播的形式创举。利用这块阵地，可以在加快汉语国际推广工作的同时，加强与世界各民族的文化交流，从而更有利于让中国走向世界、让世界更好地了解中国，更好地推动建设持久和平、共同繁荣的和谐世界。所以李长春说："建设孔子学院，是弘扬中华民族优秀文化、推动中华文化走向世界的重要途径，是促进中外语言和文化交流的重要形式。"中国民族体育文化的对外传播，完全可以在中国文化对外传播的总体协调下，利用孔子学院这块已经占有的阵地，有目的、有计划地实施对外传播战略。比如，可以考虑在孔子学院中设置专门的民族体育文化课程。安排专门的太极拳教学、少林功夫训练、静坐养生等内容。孔子学院应该是中国民族体育文化对外传播的主要依托和根据地。

2. 依托广大志愿者

政府可以有目的、有计划地组织培养和训练大批有志于中国民族体育文化对外传播的志愿者。通过这些志愿者，以实现我国新时期的"东学西渐"任务。志愿者需要热爱祖国、热心体育文化的对外传播事业。

（二）中国民族体育文化对外传播的主要载体

在中国民族体育文化对外传播的思路设计上，我们应该采用集中力量、攻其一点的基本战略，以求实现体育文化对外传播的重大突破，而不应像以往那样的天女散花。不能贪大求全，结果反而分散了我们对外传播的力量，丧失了我们的体育文化优势。多年来试图让"武术进奥运"的努力，已经为我们提供了这方面的教训。因此，在传播载体的具体选择上，主要从两个方面进行考虑：一是面向国外普通大众的载体选择，主要借助于太极拳；二是力争进入奥运会比赛的载体选择，主要借助于龙舟竞渡。

1. 太极拳

中华人民共和国成立后几十年的对外宣传，令我国的太极拳在国外已具有较好的民众基础，不仅其独特的健身作用已被认可，而且其中华文化的特点和蕴含其中的科学文化精神，也已得到国际社会的广泛认同，犹如中医学和京剧表演艺术一样，人们只要看到太极拳，就自然会联想到中国文化。甚至在国外，人们会认为只要是中国留学生，就一定会打太极拳。许多外国人是从太极拳开始认识甚至喜欢中国文化的。有报道说，无论在欧美、东南亚，还是在日本等国家和地区，都有广泛的太极拳活动。许多国家成立了太极拳协会等团体，积极与中国进行交流活动。仅美国就有 30 多种太极拳书刊出版发行。

太极拳作为中国特有的民族体育文化项目，拳势简单、易学易练；又蕴含中正安舒、轻灵圆活、松柔慢匀、开合有序、刚柔相济、动如"行云流水，连绵不断"的中国文化特征，吸引了很多国际友人的习练兴趣和好奇心。因此，我们的任务是进行更广范和更深层次的传播，以实现攻其一点、重点突破的对外民族体育文化传播战略，当然除太极拳以外，少林功夫、静坐养生可以作为一定的补充介绍，但笼统的武术概念似乎无须过分强调。

2. 龙舟竞渡

龙舟运动在中国有几千年的历史。它与现代西方的体育竞技规范又非常相近，很容易被改造成一种具有普适性的团体比赛项目，并不失中国传统文化的特征。特别是比赛过程中，锣鼓喧天，万众欢呼，健儿挥桨劈波斩浪，群龙昂首挺进，场面蔚为壮观，充分展现了龙舟文化的视觉观赏效果。这就使它成为民族体育文化对外传播的又一最佳载体，并最有可能成为走进奥运比赛项目的最先突破口。

和太极拳一样，几十年来龙舟竞渡同样已经具备了较好的世界基础。例如在美国南加州，早在 1997 年就创办了"长滩世界杯龙舟赛"，到 2007 年，这一杯赛的参赛队伍，已由早期的 35 支队增加到 140 支，平均每年增加 10 余支队伍。除了洛杉矶本地的许多队伍，还吸引了北美各地的队伍如温哥华、多伦多、新泽西、凤凰城、旧金山、圣迭哥等外地强队组团参赛。宽敞平静的水面和设施规范的赛场，标准的龙舟和严谨的规则，加上有条不紊的比赛组织管理，使得"长滩世界杯龙舟赛"成为北美洲地区龙舟赛国际化和正规化的一个典范。在日本、韩国和东南亚地区，更有每年举行龙舟竞渡的国家或地区传统。特别是 2007 年上海特奥会上，龙舟比赛被首次列为表演项目，极大地提升了龙舟竞渡的国际影响力。与武术不同，龙舟竞渡不仅在比赛规则和规范方面，具有普适性的特征，而且可以是以运动小项的身份申请加人奥运会水上项目，从而降低新项目申请入奥的难度。

中国民族体育文化的对外传播，是一种跨文化传播。跨文化传播首先遇到的难题就是两种文化之间的冲突。因为东西方在思想观念、价值取向上均有很大差异。而这种差异在一定程度上使西方人对中国民族体育文化的认识上存在困难。因此，在对外文化传播上，我们当然应该坚持由浅入深、由表及里的渐进原则。

(三) 中国民族体育文化对外传播的主要基础

1. 国内基础

实现中国民族体育文化的对外传播, 首先必须有较好的国内基础, 即国内民族体育文化市场的开发与培育。如果民族体育文化对本身的国内市场都不去关注, 不去占有, 那又从何谈起对国外体育文化市场的占领和传播。我们现在看到的是, 印度瑜伽的流行和韩国跆拳道的天下, 而我们自己的传统养生和武术, 在西方竞技体育和印韩体育的双重挤压下, 出现了边缘化的趋势, 这不能不说是中国体育的悲哀。尽管我们这里不是说要排斥外来的体育文化, 但这一不正常的现代中国体育文化流势, 应该引起我们足够的警惕和反思。

2. 组织基础

实现中国民族体育文化的对外传播, 必须改变以往放任自流的倾向。中国民族体育文化的对外传播, 不应是零碎的、松散的民间自发性行为, 而应是一种国家或政府的长远文化战略行为, 应该是有组织、有目的、有计划地向前推进。我们的建议是: 由国家体育总局体育文化发展中心成立专门办事机构统筹安排。比如制订短期、中期和长期的对外体育文化传播目标计划; 设立中国民族体育文化对外传播基金会, 并负责基金的使用和管理 (基金的来源可由两部分构成, 一是政府拨款, 二是接受民间的资助); 发布志愿者选拔消息, 并具体负责志愿者的选拔、集训和外派工作; 组织专家对民族体育项目进行研究和改造, 并负责编写相关的对外传播民族体育文化教材等。

3. 外来留学生教育基础

中国经济的迅速发展、国际影响力的扩大、民族传统文化的吸引力等诸多因素, 吸引着越来越多的外国留学生来华学习。有资料说明, 1991 年的来华留学生约为 1 万多人, 而 2000 年时已超过 5 万人; 2003 年时达到 7.8 万人, 2007 年则为 12 万人左右。他们分别来自近 200 个国家, 在我国 31 个省、自治区、直辖市的 400 多所高等院校进行学习。留学生类别包括专科生、本科生、研究生、进修生、语言生等各种层次。对于这一庞大的外国精英人才群体, 我们除注重他们的专业和汉语教育以外, 也应注重对其进行中国民族体育文化的教育, 比如要求人人都要学会打太极拳 (可结合授予段位制度）等。

此外，除了课堂教育外，国家体育总局体育文化发展中心还可以和媒体或留学生教育部门合作，专门组织外国留学生的龙舟竞渡和太极拳全国比赛，以此提升这些传统体育文化在外国留学生中的影响力。当然最终目的是通过这些留学生，向他们的所在国家和地区传播中国的民族体育文化。

历史的经验告诉人们：不同的民族之间、不同的国家和地区之间的文化传播交流，常常发生在战争、掠夺、经济繁荣或国家的重大变革时期。今日的中国正处于经济快速发展和政治影响力不断攀升的蓬勃时期。全球化语境在给中国社会发展带来挑战的同时，也为中国民族体育文化的对外传播提供了最佳契机。因此，面对国际体育舞台上长期以西方文化为主流、民族文化被边缘化的基本格局，我们应以积极的态度、务实的精神和可行的战略去思考和谋划，变不利为有利、变被动为主动，努力向世界充分展示中国民族体育文化的魅力和科学文化精神，并一步步地以蚕食的方式去有的放矢地占据奥林匹克运动的文化高地，以重铸中国历史的辉煌，引领世界体育文化的发展方向。

五、民族传统体育国际化推广的有效方式研究

（一）文化的经济化是推广民族传统体育的动力

文化的经济化指的是文化进入产业及市场，在其中加入经济及商品要素，使文化转化成社会生产力的一部分。大众的消费潜力极大地推动了体育的发展，成就了体育事业的前途。中华民族传统体育的发展必须面向大众和市场。从产业化的角度来看，长年存在于日常生活中的民族传统体育深受群众喜爱。因为它的投入少、价值低，符合当今经济水平下大众的消费能力。因此，可以使一些具备市场开发条件项目进入市场，如舞龙、舞狮等一些民族传统体育活动率先走上了产业化道路，并采取了多元的市场运作方式。

（二）学校为民族传统体育的国际推广培养了后备人才

学校是体育运动的摇篮，它推动了民族传统体育向科学化、普及化和规范化发展。民族传统体育经过加工、改造和包装之后，可以成为运动训练与竞赛、体育教学、课外体育活动的内容，从而发挥它的教育、健身和民族文化熏陶作用，民族传统体育不但能使广大青年学生倍感亲切，而且可以提高

他们的民族自信心与与自豪感。因此，学校要有组织、有计划、有步骤的建立和完善一批集培训和训练为一体的民族体育项目基地，改变单一的运动员训练模式，即建立具备运动训练和培养民族体育教师、教练员、裁判员等多种功能于一体的基地模式。除此以外，学校应当在传授民族传统体育知识的同时培养学生的外语交流能力，打造出一批具有双语能力的民族传统体育人才，这对民族传统体育的国际推广具有战略性的意义。

（三）新闻媒体的宣传作用

国家及体育、教育、文化、旅游等各地方民管理部门应采用多种形式和方法与媒体合作，加强对外交流，深化民族传统体育的国际影响。还可以利用电影、电视、互联网等现代化宣传媒介进行交流与宣传。通过这些方式加强世界各国人民对中华民族传统文化、思维方式、价值观念等各方面的认识，逐步消除文化上的差异，达到文化上的认同，实现世界各国人民对中华民族传统体育认识的统一。

（四）全民健身是最基础的推广途径

人民的力量是伟大的，民族传统体育的国际普及与发展最终要依靠人民大众。众所周知，只有符合人民大众实践和体育生活需要的体育，才能在人民大众的体育生活和实践中生存和发展。因此，我们应按照《全民健身条例》的规章要求，把民族传统体育推向全民健身活动中，把全民健身作为其国际普及推广最广泛和最基础的途径。

（五）文化建设是民族传统体育发展的载体

民族传统体育是民族传统文化的组成部分，具有形式多样、有益身心健康的特点。它的发展始终都要保持一种开放的心态，其中文化交流是必不可少的方式。未来处于经济和文化优势地位的民族传统体育方式，将成为新的文化传播载体。我们在文化建设工作中，要积极开展具有民族传统和地域特色的体育活动，如舞龙、舞狮、龙舟等。将这些民族传统体育项目加入文化建设工作中，可以在群众文化生活与实践中生根发芽，使文化建设成为民族传统体育向国际推广的最为生动的途径。

（六）民族体育项目走向国际竞技舞台的探索

现代竞技体育被世界各民族接受是有其先进性和合理性的，如现代奥运会是从古希腊文化中发展起来的。我国的民族体育要走上国际竞技舞台，必须与现代体育的规范结合起来，达到东西方文化的较好融合。竞技类项目以强化体质、非生产性的人体活动为主导因素，要求参与者要聚能达限，不遗余力地发挥自身体能。

目前，民族体育中具有竞技性的项目大致分为两大类。

1. 赛力竞技类

以力为主要竞赛内容的运动，主要有举重、摔跤、投掷、爬竿、扔沙袋和划龙舟、登山等。

2. 赛技巧竞技类

以技巧为主要竞赛内容的运动，主要可分为：

（1）单一技巧类：有踢、跳、登（荡）、打抽、举等上下肢技巧，如踢毽、花样跳绳、跳马等。

（2）综合技巧竞技类：如赛马，骑射等。

（3）游戏竞技类：如满族、锡伯族、蒙古族的"嘎哈拉"；侗族的抢花炮；傣族、瑶族的丢花包（瑶族又称"武多"）。

（4）赛技艺竞技类：以技艺为主要竞赛内容的运动，以棋类为代表。

另外，各民族体育项目中的武术成为独立的一类。

我国的武术、摔跤、毽球、龙舟等一些民族体育项目正在走向世界，并举办了多次国际比赛。民族竞技体育运动的发展正在走向竞赛化。民族体育中的一些项目已与全运会和奥运会项目接轨，如：赛马、棋类、武术、摔跤。目前武术已经正式被列为奥运会比赛项目。

中国式摔跤以其浓郁的民族特色集国内几个少数民族的特点于一体，具有竞技、表演、娱乐和锻炼等多种作用。中国式摔跤发展到近代，基本上形成为竞技运动项目。然而，由于种种原因，这一最容易进入竞技运动并进而推进奥运会的项目，几十年中备受冷遇。中国最高武术机构中没有正式的中国跤项目管理部门，全运会也取消了中国跤项目的金牌；原有的省级中国跤运动队也已经解散。而中国跤在国外备受欢迎，国外搏击界对中国跤的评价极高，不少国家有人习练。近几年法国已举办了三届"巴黎市长杯中国式摔跤大赛"。中国跤容易为外国人接受，显然因为它极具竞技性。另外，它站立行跤、干净利落、姿势潇洒、技法与输赢一目了然，极具观赏性。

日本的柔道、韩国的跆拳道进入奥运会为我们提供了有益的经验，同时也对我国民族传统体育项目进军奥运会构成了潜在的威胁。如何发展民族传统的体育项目，使其发扬光大，并走向世界，是我们在进行民族体育项目的挖掘、整理和创新的工作中应该深入思考的重要问题。在民族体育项目逐步走向世界的过程中发挥出项目的原有特色，并借鉴现代体育项目的成功经验是一种值得尝试的方法。中国的民族体育在世界体坛崛起的探索任重而道远。

第六章　我国传统体育文化传承与发展的案例

　　我国的民族传统体育文化是在我国各地各民族世代传承与发展的，以促进身体健康发展、增强身体机能、提高民族社会适应与生存能力为目的的人类社会活动，具有深厚的民族文化内涵与传统体育文化的外延。我国各族人民在长期的生产和生活实践中积累起来的传统体育文化，是中华民族传统文化的重要组成部分，其形式丰富多彩，内容博大精深，涉及养生宜心，强身健体、竞技搏击、休闲娱乐等，是中华民族传统文化几千年文明发展的历史沉淀，是我国重要的、珍贵的非物质文化遗产。

　　中华民族是一个拥有56个民族的多民族国家，各民族在长期的历史发展过程中，在各自特殊的自然、地理、经济、文化条件下，创造了优秀的、各具特色的民族体育，中华民族是以汉族为主体的民族，中华民族体育文化则主要是以汉族文化为主体的多民族融合文化。中华民族传统体育在其形成与发展过程中，中国文化的"安土地、尊祖宗、崇人伦、尚道德、重礼仪"的价值模式对其产生了非常大的影响作用，使其表现出独特的文化特色。只有加强对中华民族传统体育的深入研究，才能给其以合理的存在与发展空间，才能使得中国传统项目在体育全球化的大趋势下保持自身良好的发展态势，在新时期内保持旺盛的生命力。

第一节　武术文化的传承与发展

一、武术的文化内蕴与其发展源流

　　武术的概念是人们认识、研究武术的基本依据。在漫长的历史过程中有不少归属武术类的名称，如功夫、武艺、武功、国术等。中华人民共和国成立后称为"武术"。各个时期对武术的定义不尽相同，它的内涵和外延是随着社会历史发展和武术本身发展而发展变化的。发展到今天武术的定义可概括为：武术是以技击动作为主要内容，以套路、格斗、功法为运动形式，注重内外兼修的中国传统体育项目。

原始人类在猎取食物过程中总结发展了技击之术，因此说"民物相攫而有武矣"。军事战争促进了武术的快速发展，直至明代才逐渐形成近代武术运动的雏形。中华武术的发展演进始终充满着中华民族的智慧，在长期的文化熏陶和社会实践中，逐渐形成了独具东方文化特色的民族体育运动形式，蕴含着深邃的哲学思想和道德观念，并融儒、释、道、医、兵、艺于一体，构成了庞大的民族文化体系，堪称中华民族优秀传统文化的代表。

武术发展过程中演化出许多流派，如少林、武当、峨眉、南拳等为武术主要的四大流派，四大流派内部，又有许多支派，各支派中某一套路如有显著特色，又可能发展为新的支派。在四大派之外，有数量更多的较小一些的派别，犹如满天繁星，形成了中华武术文化的大观。

通过对武术的调查研究和挖掘整理，查明了我国"源流有序、拳理明晰、风格独特、自成体系"的拳种达 129 个。1989 年，散打被批准为正式比赛项目，1990 年第 11 届亚运会，武术成为正式比赛项目。2004 年武术功力大赛也逐步完成向现代体育竞赛的转型。国务院学位办公室于 1996 年正式批准体育学设立武术学科专业方向博士学位点。这标志着武术作为一门学科已迈入学术研究的领域殿堂。今后武术运动必将在继承传统的基础上进一步向科学化方向发展。在 2008 年北京奥运会上举行了世界武术比赛。武术作为优秀的民族文化和良好的运动项目，必将为世界上更多的人所认识。

中国武术之所以能称为武术文化，不仅在于它广博的内涵、多元的功用，还在于它的强大的生命力和独立性。尽管历史上曾遭外敌入侵以及多次"禁武"的厄运，却都没有因此而消亡；它与多种文化形态虽有着千丝万缕的联系，乃至相互渗透和影响，却没有被同化、被改变，显示出它具有的文化延续能力和独立完整的文化体系。

同时，从武术文化中，我们还能看到它所反映的中国文化的基本精神。比如强调"武以德立""德为艺先"，反映出民族的以"仁"为核心注重人际关系和谐的伦理观念；行侠仗义、除暴安良反映了刚健有为、人世进取、匡扶正义、不畏强暴的爱国主义传统；追求个人技艺的纯熟、神韵和意境，正是成就内在人格完美的传统审美情趣；主张轻力、尚巧、以巧智取、顺势借力的技击原则，反映中国人礼让为先、有理有节、刚强而不狂野、功力扎实求内在的竞争特点，以及崇尚自然、天人合一思想，重视血缘关系的宗法观念等。

综上所言，我们可以概括地说，武术是以攻防技击为主要技术内容、以套路演练和搏斗对抗为运动形式、注重内外兼修的传统体育项目。

二、传统武术的作用与文化价值分析

（一）传统武术的作用

就其实用性来讲，我国传统武术具有强身健体、防身自卫等多方面的价值与作用，是人们增强体质、振奋精神的一种很好的传统体育运动。具体来说，主要体现在以下几方面：

1. 强身健体

在当今时代，人们把健康视为人生大事，这是社会文明程度发展到一定阶段所形成的社会共识。时至今日，人们对健康的理解不再是没病就是健康，而是从身心两方面的协调发展来认识。传统武术要求精神、意气与动作内外相合，所以它不仅是形体上的锻炼，而且能使身心得到全面的锻炼。

2. 防身自卫

我国传统武术具有攻防击技的特点，讲究的是踢、打、摔、拿、击、刺等动作；练就的是手、眼、身、法、步、精、神、气、力、功等十法。追求的是站如松、动如涛、静如岳、快如风等"十二形"的精神境界。通过习武，不仅可以掌握各种踢、打、摔、拿、击、刺等击技方法，还可以发展身体的灵活性和反应能力。持之以恒地练功不仅能增长劲力和功力，还能提高身体的抗击打能力、对抗搏击能力以及强身健体、防身自卫的能力。

（二）传统武术的文化价值

我国传统武术之所以能够经久不衰，不仅因为它有很高的实用价值和社会价值，还因为它有着深厚的文化魅力。武术作为我国传统文化的典型代表，在漫长的历史中，它浸润于儒道、佛以及古代兵学、中医、养生、舞蹈、戏剧等众多传统文化艺术里，并不断吸收各时代的优秀文化因子，逐步由单纯的搏斗技术发展成德、技双修的技击文化。因此，传统武术得以传承的原因除了技术层面的知识外，更重要的是它隐含着中华文化精神。

传统武术作为一种文化形态，有其自身独特的本质和特征，其文化内核是系统的、连续的，它是五千年中华文明的重要组成部分。要理解中国传统武术文化，可以从以下两方面着眼：其一，武术是一种优秀的民族传统文化，它以中国文化理论为基础，与中国古典的哲学、美学、伦理学、兵法学和中医学有着密切的渊源；其二，武术是一种独特的运动文化，武术的深厚文化积淀、独特的运动风格、博大的内容体系、复杂的功能结构，是其他任何体育文化所不具有的。

总体来看，我国传统武术的文化价值主要体现在以下几方面。

1. 中庸之道

人类社会发展的历史经验表明，竞争是社会发展的主要动力之一，而就现代社会来说，这一定论更是成为社会准则。但随着社会竞争的加剧，人们把物质财富的追求当成人生全部目标，这就必然造成精神的萎靡、道德的沦丧。而在我国传统文化浸润下的传统武术，则体现了一种淡漠的竞争意识。我国传统文化倡导的"中庸""礼让""不为人先"，形成了一种蔑视竞争意识和抑制竞争能力的文化意识和文化心理结构。在这种文化意识与文化心理结构影响下，由于对竞争的淡漠，而重视中庸之道使练武者少了追名逐利的思想，他们往往更注重于"德和力的统一"。

2. 注重对人格的塑造

随着社会的进步，对人的要求越来越高，强健的身体和丰富的知识被视为现代社会强者的标志。在现实生活中，许多人由于片面追求外在形象，而在道德情操、责任感和使命感等内在人格方面显出不足，这不仅影响了人们的意志和自身价值，而且也影响到了整个社会的进步。传统武术具有典型的东方文化特征，注重个人内心世界的深化，在习练中也十分重视人格的修养，武术中的这些文化思想对塑造人格可以起到很好的补充作用。

3. 注重武德与武艺的统一

中华武术武德观念最为鲜明地表现为"德"与"艺"的统一。我国传统文化历来提倡社会和个人道德理想的实现。无论是儒家还是道家都将追求个人的自我完善看作生命价值之所在。而对于有"礼仪之邦"之称的中华民族，在其创造的文化中，道德水准常常被作为评价社会进步和发展的标准。传统武术由于受传统文化影响，在长期的发展过程中形成了独具特色的道德要求和评价体系，形成了传统武术文化一道绚丽的风景线。

4. 具有文化传承的功能

传统武术文化是我国传统武术观念形态、运动方式和精神的物化产品的总称。中国传统武术文化作为武术观念形态，反映着人们的世界观、思维方式、心理特征、价值观念、道德标准、认识能力，是民族精神的结晶。中国传统武术文化可以不断地物化在某种物质上，凝结在武术技巧、武术器械、武术训练方法及规则、服饰、场地等物质的、制度的和理论思想等诸多构成因素中，并通过人的武术运动方式和精神文化产品反映出社会的价值观念、道德观念、心理特征和思维方式等。

传统武术文化不是一个凝固的概念，在历史传承中它会发生变异，不仅需要增添新的内容、新的典范，而且需要对异质文化的吸收和融合。毋庸置疑，中国传统武术文化同西方体育文化的差异和冲突是明显的，西方以希腊文化为发展背景的，经过欧洲文艺复兴和19世纪以来的工业革命，形成了一种以直面竞争、平等博爱和宗教思想为核心的海洋性民族文化。在其影响下，几乎全部的西方现代体育项目都有这一特征。而中国传统的武术文化，是以自然经济为基础、以家庭为背景、以儒家思想为核心，是一种处于封闭状态的大陆性民族文化。这种文化的特点是主张仁爱忠恕，提倡温文尔雅，反对激烈的对抗与竞争，追求一种与世无争的清静无为的田园生活。但从技术层次来讲，东方文化是大而化之，比较粗糙，唯象的东西多。西方文化则比较具体、精微，唯理的东西多，强调以定量方式搞清楚问题。因此，我们应看到东西方文化的差异与特色，在保持自己独立性和尊严以及民族风格的前提下，认真对西方体育文化进行吸收和消化。

随着我国改革开放的进一步深化，我国已逐步融入世界。随之而来的是不同民族文化之间的碰撞与渗透。因此，在这一文化交流活动中，武术充当了很好的载体。在美国有句名言："不懂武术则不知中国人。"从这句话可以看出，武术已成为"中国人"的象征，是中华文化的典型代表，是中华民族精神所在文化的延续。因此，继承传统武术是中华民族自立于世界民族之林的前提。

三、武术基本功

（一）手型基本技术

拳：四指并拢卷握，拇指紧扣食指和中指的第二指节，拳面要平，拳握紧。

掌：四指并拢伸直，拇指弯屈紧扣于虎口处。

勾：五指第一指节捏拢在一起，屈腕。

1. 冲拳

两脚左右开立，与肩同宽，两拳抱于腰间，肘尖向后，拳心向上。挺胸、收腹、立腰，右拳从腰间向前猛力冲出，转腰、顺肩，在肘关节过腰后右前臂内旋。力达拳面，臂要伸直，高与肩平。同时左肘向后牵拉，练习时左右可交替进行。

2. 架拳

两脚左右开立，与肩同宽，两拳抱于腰间，肘尖向后，拳心向上。右拳向下，向右，向上经头前向右上方划弧并在右前上方架起，拳眼前下，眼看上方。练习时左右交替进行。

3. 推掌

两脚左右开立，与肩同宽，两拳抱于腰间，肘尖向后，拳心向上。右拳变掌，前臂内旋，并以掌根为力点，向前猛力推出。推击时要转腰、顺肩，臂要伸直，高与肩平。同时左肘向后牵拉。练习时，左右可以交替进行。

4. 亮掌

两脚左右开立，与肩同宽，两拳抱于腰间，肘尖向后，拳心向上。右拳变掌，经体侧向右、向上划弧，至头部右前上方时，抖腕亮掌，臂成弧形。掌心向前，虎口朝下，眼随右手动作转动，亮掌时，注视左方。练习时，左右手交替进行。

（二）步型基本技术

1. 弓步

并步直立抱拳。左脚向前一大步（约为本人脚长的 4~5 倍），脚尖微内扣，左腿屈膝半蹲（大腿接近水平），膝与脚尖垂直。右腿挺膝伸直，脚尖内扣（斜向前方），两脚全脚着地。上体正对前方，眼向前平视，两手抱拳于腰间。弓右腿为右弓步；弓左腿为左弓步。

2. 马步

并步直立抱拳。两脚平行开立（约本人脚长的 3 倍），脚尖正对前方，屈膝半蹲，膝部不超过脚尖，大腿接近水平，全脚着地，身体重心落于两腿之间，两手抱拳于腰间。

3. 虚步

并步直立叉腰。两脚前后开立，右脚外展 45°，屈膝半蹲，左脚脚跟离地，脚面绷平，脚尖稍内扣，虚点地面，膝微屈，重心落于后腿上。两手叉腰。眼向前平视。左脚在前为左虚步；右脚在前为右虚步。

4. 仆步

并步直立抱拳。两脚左右开立，右腿屈膝全蹲，大腿和小腿靠紧，臀部接近小腿，右脚全脚着地，脚尖和膝关节外展，左腿挺直平仆，脚尖里扣，全脚着地。两手抱拳于腰间。眼向左方平视。仆左腿为左仆步；仆右腿为右仆步。

5. 歇步

并步直立抱拳。两脚交叉靠拢全蹲，左脚全脚着地，脚尖外展，右脚前脚掌着地，膝部贴近左腿外侧，臀部坐于右腿接近脚跟处。两手抱拳于腰间。眼向左前方平视。左脚在前为左歇步；右脚在前为右歇步。

四、武术技艺与民族文化精神的传承

我们已清楚地知道世界各民族的人有相同或相似的技击技术，有相同或相似的技击器械，也就是说从技击技术的角度考虑，中国武术的基本技击技术和其他国家和民族在其发展过程中所有的武技并无本质的区别，那么，为什么还有许多外国人会喜爱并参与练习中国武术？中国武术能吸引外国爱好者的到底是什么？

显然是武术技术上的技击特点以外的另一个特点，即文化色彩上的民族特点所致，包括武术存在的形式、运动方式、演练的技巧，以及具有中国文化特色的技击理论，是这些内容与外国武技的显著不同的特点吸引了外国的武术爱好者。

这些内容虽然具有浓厚的中华民族的民族色彩，而且形成这样的民族特点有其浓郁的民族文化背景，但仍然是技术范畴的内容。问题可能不仅如此，因为前面我们已经说到不同的文化在交流时都"带着自己的文化传统"，这一点往往是不易看到的、容易被忽略的，却又非常重要的。

武术作为一种技术性很强的民族文化，同时它又承载着中华民族的民族精神，武术技艺和民族精神水乳交融，密不可分，就使得这个问题看似无足轻重，实际上却是很重要的，因为中国的文化既重视技艺的传承，又重视民族文化精神的延续，甚至对后者的重视更甚于前者。今天，武术在世界传播的范围日益广泛，对于不同的群体，我们传播武术是更侧重于技艺，还是更侧重于精神成了我们不得不面对的问题。

（一）武术承载着中华民族的民族文化精神

在一种文化向另一个地域传播时，大概首先都是从技术性的内容开始，因为这类技术性的内容是外在的、直观的，且相对是较为浅显易懂的，它和其他地域的相近文化的区别也是显而易见的，正是这种显而易见的特点吸引了另一个地域的人来关注它，进而学习它。无论是在中国国内不同地域之间武术的传播，还是在向国外推广武术都是如此。

但武术在其流传的过程中，传播的绝不仅限于这些纯技术层面的东西，还有更深层次的东西随着技术一起传播。武术的流传大概主要传播着两方面的内容，即一方面是技术以及和与技术直接有关的理论和各种活动，另一方面则是与中国传统文化密切相关的民族文化精神。从传统文化和文化传统的角度考虑，就是在传播传统武术的同时也在传播武术传统。在中国，在技术流传的过程中，也伴随民俗民风的相互影响。

在张岱年、方克立二位先生主编的《中国文化概论》中说："文化精神是相对于文化的具体表现而言的。文化的具体表现，包括器物、制度、习惯、思想意识等层面，无不和内在的文化精神相联系，文化的基本精神就是所有这些文化现象中的最精微的内在动力和思想基础，是指导和推动民族文化不断前进的基本思想和基本观念。"这种文化基本精神"成为（中国人）生活行动的最高指导原则""成为历史发展的内在思想源泉""成为他们的基本人生信念和自觉的价值追求""实质上就是中华民族的民族精神"。

就武术而言，在它流传过程中的存在形式、相关的练习方法、运动的方式，以及具有中国文化特色的技击理论，甚至还包括相关的民俗活动、道德观念、审美情趣等，都属于中国传统文化的"具体表现"，对于武术这样一种需要人用身体来进行演练的、技术性很强的文化形态，它的技术性的内容就显得更加重要，这些技术性的内容显而易见，很容易引起人们的注意；而中国的文化精神，是中华民族文化的"内在动力和思想基础"，是"民族文化不断前进的基本思想和基本观念"，是推动中华民族不断发展的根本力量，对中华民族的存在和发展具有强烈的凝聚作用，激励着中华民族的每一个成员积极向上，并且整合了中华文化，它沉淀在中华民族每个人的灵魂和血液之中，世代相传。

在武术的流传过程中，这种民族精神虽然不具有可见、可摸的形体，不易为人们所觉察，不表现为武术的某些具体的技术和理论，但是却无处不在，在武术的"具体表现"中处处都渗透着中国文化的基本精神，反映出中华民族文化的特点（为讨论方便我们在后面都称为民族文化精神）。

（二）武术技艺与民族精神同时传播

那么，无论是在过去武术流传的过程中，还是在今天武术的传播中，究竟流传和传播的主要是武术的"具体表现"，还是它所承载的中华民族的民族文化精神，这是一个值得认真思考的问题。在不同的历史条件下，武术在炎黄子孙中流传和传播的主要是什么？在外国人（主要指非华裔的武术爱好者）中间流传时传播的又主要是什么？这样一个看似无关紧要的问题实际上涉及我们对于武术在不同的社会群体中传播时的指导思想和应采取的态度。

在中国古代，武术的流传主要传播的当然是技艺和相关的理论，同时也在传播着中华民族的民族文化精神，原因有二：

其一，武术作为一种技击技术，是人们生活中需要的一种技能，人们往往由于自卫的需要它而去学习、研究它，特别在武术作为一种军事技术而存在的条件下，由国家行为去组织军队、训练军队时，就更是如此了；

其二，中华民族的民族文化精神不仅存在于武术之中，而且存在于所有的中国传统文化之中，中国人终其一生，无论他们习武与否，都无时无刻不受到这种民族文化精神的熏陶，始终处于它的潜移默化之中。

所以，虽然研习武术也可使练习者受到这种民族文化精神的陶冶，但是对于祖祖辈辈都浸润在这种民族文化精神之中的中国人来说，接受这种民族文化精神不一定必须通过习武。所以，习武者习武主要是为了学习、掌握武技的技术，而在习武的过程中也必然地在接受和增强民族文化精神的滋养。

在今天，武术不再是人们自卫的技能，而只是人们强身健体的一种手段，武术在人们中间传播常常是出于个人的喜好，武术不仅是中国传统文化遗产的一部分，而且是传承中华民族的民族文化精神的一个载体，人们通过练习武术，在传承武术技艺和增强体质的时候，既可以得到身心的愉悦，又可以感悟中国传统文化"最精微的内在动力和思想基础"。对于一些对中国武术有深厚感情的武术爱好者来说，他们通过练习武术可以使他们更深刻地体味中国武术技术的精要和中华民族文化精神。从教育的角度而言，对于青少年来说，通过练习武术可以增进他们对中国民族文化精神的了解和认同，从而提高他们的民族自信心和民族的凝聚力。

可见，武术在中国人中间传播时，首先是武术的技艺吸引了练习者，在练习的过程中，民族文化精神的传播则借助了武术这一载体。可以说武术在中国人中间传播是技艺和民族文化精神同时传播的。对于外国的武术爱好者来说，情况就很不相同了。

(三) 武术的对外推广主要在于技艺

由于今天的中国武术源自人类所共有的技击术，在不同国家和民族的爱好者之间很容易产生认同感，又由于这种技击术是和人的自卫的本能密切相关，所以也更容易引起人们的关注和兴趣，再加上中国武术所具有的东方文化的神秘色彩，而且武术独特的运动形式和东方文化的神秘感是通过技艺表现出来的，使其他国家和民族的人感到既亲切又新颖，对这种文化现象产生强烈向往也就很自然了，因此一些外国人产生了学习武才的愿望和行动。虽然武术本身就是中国传统文化的一部分，学习武术也可以被视为在学习中国传统文化，但是，在这样的学习过程中，可能大多数外国的武术爱好者并没有真正关心武术所承载的中华民族的民族文化精神。

问题讨论至此，有一个问题不能不引起我们的注意，即在每一个民族形成和发展的过程中，都形成了自己的民族文化精神，笔者认为，在前面引用的张岱年、方克立二位先生主编的《中国文化概论》中关于文化精神的论述，不仅适合中国人和中国传统文化，也适合世界上其他国家和民族的成员和他们的传统文化。也就是说，世界上每个民族都有他们自己的"文化现象中的最精微的内在动力和思想基础，是指导和推动民族文化不断前进的基本思想和基本观念"。这种"基本思想和基本观念"同样"成为（他们）生活行动的最高指导原则""成为历史发展的思想源泉""成为他们的基本人生信念和自觉的价值追求"，实质上也就是他们民族的"民族精神"。这种精神存在于这个民族成员的思想深处，在无形中影响着这个民族每个成员的思维和行动。从民族文化精神的角度考虑，不同的国家和民族之间的差异往往很大，可以肯定，这种差异远远大于它们之间武技的差异，所以，在不同国家和民族的武术爱好者之间对彼此民族文化精神的理解和认同，比对他们之间武技的理解和认同要困难得多。

外国人在学习中国武术技术的过程中，逐渐接触到与武术有关的理念，包括一些与技击有关的理论和养生理论等内容，他们可能对其中某些内容感兴趣，通过学习武术而接受了这些内容，这些内容仍属于作为中国传统文化的武术的"具体表现"，并不同于深层次的民族文化精神。即使这些外国的武术爱好者接触到了中国传统文化深层次的民族文化精神时，他们也不会很快接受，即使是理解也可能是困难的。因为，我们怎么能够设想这些外国的武术爱好者通过学几套中国拳术，就会对"指导和推动民族文化不断前进的基本思想和基本观念"和"生活行动的最高指导原则"与"他们的基本人生信念和自觉的价值追求"有所改变呢？我们又有什么必要希望他们发生这种改变呢？所以说，他们通过学习中国武术是否对与武术相关的中国民族文化精神的某些东西感兴趣，或虽感兴趣但是否会接受，或从什么角度和以方式感兴趣或接受多少，这完全是他们个人的事。同时还可能因为个人信仰的关系而对中国传统文化中某些内容采取排斥的态度，对此我们都应该尊重。可见，在外国武术爱好者中传播武术，主要传播的是技术，以及由技术表现出的某些中国传统文化的特点。

当然，对外的武术交流过程中，可能有部分人是希望通过学习中国武术来了解中国的文化，以此作为一个对中国传统文化研究的切入点，这是他们对另一种文化从好奇到探究，进而热爱的表现。还可能有一部分爱好者对中国武术爱到了如醉如痴的程度，从喜爱某一拳种开始，为了在练习的过程中能更好地表现出其技术特点而追求武术的某些技术理念，并因此认同中国的传统文化，甚至接受中国的某些民族文化精神，也完全是可能的，这样可以使这些外国的练习者通过武术深入地了解中国传统文化，并更好地传播中国传统文化。

中国人对不同国家和民族之间民族文化精神方面的差异，历来都采取"和而不同"和"求同存异"的态度，从来不以自己的价值观作为辨明是非的标准。所以，在武术的传播、推广的过程中，我们不必，也不应该去触及学习者的民族文化精神；不必，也不应该去触及他们的信仰和价值观，而应更加关注武术技术以及与此相关的理论。

第二节 龙狮文化的传承与发展

一、舞龙文化及其现代发展

"舞龙"，又称"龙舞""龙灯"，是中华民族传统的体育娱乐活动。每逢佳节、盛会，人们在长街广场和街头湾边，舞起龙灯，以增添欢乐喜庆的气氛，是中华民族民间传统文化的重要组成部分。

关于舞龙运动的起源有很多说法，大多数人认为舞龙运动起源于原始的求雨祭祀活动。中国人认为龙象征着水，因此逢旱之时，人们想到了"龙"的威力和神圣，对于"龙"的祭祀活动就成为祈求雨水的形式。而人们之所以用舞龙来求雨，是因为舞龙含有地上的龙和天上的龙相感召、相会合的意思，地上的龙一舞动，天上的龙就会普降大雨，润泽四方了。

在殷商的甲骨文记载中便有向龙卜雨的甲片，求雨的祭祀舞蹈是很普遍的。"舞龙"运动的产生，可以追溯至汉代，汉代有"鱼龙漫衍"之戏，它是舞龙运动的前身，受其启发舞龙运动逐渐兴起。随着社会的发展，人类文明的进步，"舞龙"这一种形式逐步从祭祀活动中走出来，并且种类也多样化，制作工艺更加精细。

进入唐代，舞龙活动进入了发展时期。这一时期的"舞龙"，已经基本摆脱了原始祭祀的宗教活动，与民间传统节日的庆典活动密切结合起来。成为中华民族节日文化的重要组成部分。到了宋代，舞龙运动已经基本定型，从宋开始，到元、明、清，龙的形态几乎没有什么变化，主要特点是蜿蜒多姿，通体华美。这一时期，舞龙运动的其他因素也趋于完备。从宋元至明清，舞龙运动不断改进、完善，处在不断的发展之中。

近年来，我国各地民间舞龙的活动规模越来越大。通过挖掘整理和试办各种舞龙比赛，传统的民间舞龙，发展成为集舞龙、技巧、艺术等为一体，寓身体锻炼于精彩表演之中的群众体育活动。当前，它也成为我国推行全民健身计划的重要大众体育项目之一。随着"中国龙狮运动协会"的成立，舞龙运动日益规范。尤其是舞龙运动与现代技术相结合，增添了舞龙运动的艺术魅力，它因奇特的造型和出神入化的表演，受到了国内外人民的欢迎，也成为中国辉煌文化的象征。

（一）舞龙文化的分类、特征及价值分析

1. 舞龙的分类

中华民族众多，各民族独特的舞龙方式形成了舞龙种类繁多，形式多样的特征。根据不同的划分依据，舞龙有不同的种类。

依据龙具制作材料进行分类，有布龙、纸龙、板凳龙、纱龙、百叶龙、香火龙、草龙、冬瓜龙、绳索龙、空心龙、人龙等。

依据舞龙的目的进行分类，有宗教、表演、竞技等形式的舞龙。

按龙的颜色进行分类，有黄龙、白龙、花龙等。

依据舞龙的人数和龙数进行分类，有单人舞龙和多人舞龙，以及舞单龙、舞双龙和舞多龙等。

以下具体介绍几种比较常见的舞龙运动形式。

（1）草龙。草龙是以稻草、青藤或柳枝等扎成的龙。龙头用一大把稻草扎成，龙身用一捆稻草扎成与龙头颈一般粗的 7 节，龙尾用一把稻草扎成鱼尾形，一共 9 节，再用稻草串联起来，每节插上 1 根竹木杆作为把。

舞草龙主要于每年农历五月至七月在土家农村山寨举行，其意义一为娱乐，二为驱瘟、防火。首先，每逢农历五六月间，土家农民常以舞草龙来驱逐稻瘟病，久之成习，聚众娱乐。其次，农历五月端午节前后或七月间，稻谷即将成熟，土家农民在村寨举行舞龙以迁火焰。舞龙迁火焰的意思是请龙将火焰神迁出村寨，以免火灾、以保平安。

（2）百叶龙。百叶龙是由"百叶"构成的龙。百叶龙是由一瓣瓣粉红色的荷花瓣拼接组成。每朵硕大的荷花瓣均有绳相连，可叠可伸，圈圈相叠，拉开节圈，即可形成一只用荷花瓣做龙鳞的冲天而起的巨大的百叶龙。

百叶龙至今已有近两百年的历史，受战乱的影响，到 1949 年，百叶龙的制作方法已基本失传。

（3）板凳龙。相传古时的一个元宵节，百姓观龙灯会，有3个土家族青年越看越喜欢，情不自禁举起他们坐着的长凳，模仿龙灯舞要起来，十分自在、快活，板凳龙由此产生，此后逐渐成为体育项目。板凳龙共有两种舞法，即独凳龙和多凳龙。

独凳龙由3人舞，一人出右手另一人出左手，分别抓长凳前面的两条腿，第三人双手抓住长凳后面的两条腿。在舞独登龙时要求舞龙者做到头尾相顾，配合默契。

多凳龙一般由9条长凳组成，第1节为龙头，第9节为龙尾，中间各节为龙身。舞龙时，龙头在龙珠的引领下，时起时落，要求整条龙节节相随，配合协调。

另外，民家常在板凳外扎彩绸或稻草制成龙。一条板凳即为一段龙身，这种板凳龙可长可短，短龙可由十几条板凳组成，长龙则可达两百余条板凳。每条板凳（每段龙身）面上点有烛灯，龙身的三角形脊背上常绘有花卉草虫，龙头高可达5米。该板凳龙通常以队形取胜，数十条或几十条板凳上下起伏舞动，气势十分雄壮。

（4）人龙。相传明朝嘉靖七年（1528年），江华瑶民曾推举17名代表上京告状，废除"不准瑶民摆桌子吃饭"和"逢年过节要宴请官绅"两条陋规。17名上京告状的代表返乡后互相拥抱，骑肩起舞，以示庆祝，由此逐渐形成人龙这一舞龙运动项目。

人龙一般由17人组成，每2人组成1节，共8节。一人站立，另一人跨坐其肩，向后仰搭在后一组跨坐者的腿上，并用双手扶住其双腿，后一组站立者双手紧扣住前一组仰卧者的胸部。这样各组前后相互连接，称为"龙身"。最前边一组的站立者由另外一人紧贴前胸，双腿反夹其腰下部作"龙头"（有时站立者肩上还可坐一小孩）。最后一组的骑者身向后仰，悬空摆动，作"龙尾"。

（5）段龙。段龙因龙身分隔、互不连接而得名。龙头、龙身、龙尾共由11节组成，每段的龙身均用竹、篾编成骨架，再以绸料裱糊彩绘而成。

段龙的龙身相分，各自独立，因此舞动时可断可连，故阵势变化很大；又因舞段龙者均为女性，因此舞步碎小而灵活，风格轻盈。

（6）三人龙。三人龙的龙身长3米，由3人表演，是一项集武术技巧练习、体力耐力培养，文化娱乐活动为一体的传统体育项目。三人龙的艺术形象活泼敏捷、刚武强毅，且具有短小灵巧的特点。

2. 舞龙的特征

（1）历史性。舞龙运动的历史悠久，源远流长。自古以来，由于对大自然的认识有限，中华民族的祖先以其丰富的想象力，把"龙"描绘得有声有色，龙被视为吉祥之物，是吉祥喜庆的象征。

古人称龙为"龙鳞凤龟"四灵之首、"龙龟象鹤"四寿之头。龙被膜拜为神兽之冠，古人认为，龙是如水能游、陆地能走、腾空能飞的三栖动物，能掌管风雨、福祸，舞龙祭祀表达了人们对风调雨顺的美好愿望。

（2）传统性。在封建时代，龙是皇权的象征，皇帝被称为真龙天子，皇权神圣不可侵犯。在现代，龙更多的是代表一种吉祥，是人们的美好愿望的化身，龙能融入平常百姓的生活。

自古以来，神话传说都与民族起源难以分割，可以说，龙是中华民族的象征，是华夏儿女的图腾，每一个炎黄子孙都是"龙的传人"，龙逐渐发展成为了一种文化。也正是在这样一种龙文化的背景下，舞龙运动得以起源、发展、并能一直流传到今天。因此，舞龙运动具有传统性的特点。

（3）民族性。舞龙运动是在讲究动作形体规范的同时，还要求舞龙者做到精、气、神的统一。舞龙运动具有内外合一的整体运动观，是中华传统体育项目的特色之一。

另外，舞龙运动承载着中华民族优秀的传统龙文化的内涵，舞龙运动集民俗、风情、健身、娱乐为一体，使舞龙运动更加具有传统的民族风格和特性。

（4）群众性。舞龙运动具有广泛的群众性。首先，舞龙运动不受场地、性别、人数的限制；其次，舞龙运动不受时间、季节的限制；最后，舞龙运动不受地域特色的限制。

近代以来，中华民族传统的舞龙运动已经随着华人的迁移而传播到世界各地。可以说，只要有华人聚居的地方，就有舞龙运动的开展。舞龙运动已经发展成为一项具有广泛群众基础的娱乐和健身活动。

因此，可以看出，舞龙运动深受广大群众的喜爱。不仅在中国，在全世界，舞龙运动都具有广泛的群众基础。

（5）观赏性。中国传统的舞龙运动是一项集竞争性、技巧表演性、游戏娱乐性、艺术观赏、趣味性等为一体的综合运动。舞龙运动的形式虽然多样，具有不同的种类，但均以强身健体、表演娱乐为目的，具有较高的观赏性。

（6）适应性。随着传统的舞龙运动的不断发展，舞龙者可以根据场地的大小灵活地变化练习内容与练习方式。即使一时没有器械，也可以徒手练习，与一些其他的传统体育运动项目相比，舞龙运动具有更广泛的适应性。

除了以上几个特点，舞龙运动还具有以下几个特点，如强调集体配合、活动过程中配有鼓乐伴奏、活动种类繁多、形式变化多样、与中华民族的传统节日紧密联系等。

3. 舞龙的价值

（1）促进民族团结。舞龙运动需要舞龙者相互配合、运用集体的力量来完成整个表演，即使是个人的技术再好，如果没有集体的配合也无法完成。在舞龙运动表演的集体合作过程中，如果单个人的力量不能融入到整个集体中去、不能和集体的运动节奏一致，那么所有人都会失败。舞龙运动揭示了"团结就是力量"这一道理。舞龙运动本身是一项健身项目，那些由翻滚、腾越、穿插、盘回、耸立等动作所构成的诸多套路和造型，都需要集体的默契配合，尤其是在身体疲劳的状态下，更要集中精神，以集体为重。

龙文化起源发展于中华民族，炎黄子孙都是"龙的传人"，华夏儿女有着相同的信仰，舞龙运动把全国各族人民团结起来，增强了中华民族的凝聚力。

（2）弘扬传统文化。舞龙运动是中华民族的传统体育项目，舞龙运动不仅促进了各民族的团结，凝聚了各族人民之间的感情和友谊，而且也对外弘扬了中国优秀的"龙文化"。

随着社会的发展和人民生活水平的提高，以弘扬龙文化为主题的各种民俗节、艺术节、文化节遍布全国各地，龙文化通过各种庙会、花会、文化广场等文化艺术场合走进了更多百姓的生活。围绕着传统的龙文化为主题的活动，尤其是舞龙运动的固定程式和封闭性正在被冲开。

传统龙文化活动注入了新思维方式和价值观念，舞龙运动不但积淀和弘扬了中国优秀的传统文化，增强了民族凝聚力，而且极大地丰富了人民群众的文化生活。

（3）健身健心。舞龙运动是一种集武术、舞蹈、民族鼓乐等因素为一体的传统体育项目。通过中国传统鼓乐的击打节奏的配合，舞龙运动将武术和舞蹈艺术有机结合起来，在节奏变化中，舞龙者利用人体的多种姿态，在动态行进和静态造型中将力度、幅度、速度、耐力等揉合于舞龙技巧，完成各种高难、优美的舞龙动作。如很多舞龙运动的舞球者及龙头、龙尾表演者都要使用一些舞蹈动作，这对舞龙者来说是一种很好的身体和精神的双重锻炼；对观赏者来说，是一种健康休闲、愉悦身心的有效方式。

（4）促进产业发展。随着科技的进步和社会的发展，在当今社会，舞龙运动逐步形成一种产业。舞龙产业的产生、发展始终与市场结伴而行，一方面舞龙产业的兴旺能促进市场繁荣，另一方面市场繁荣又可以促进舞龙产业的发展。

（二）舞龙基本动作和方法

1. 基本握法

（1）正常位。双手持把，左（或右）臂肘微弯曲。手握于把位末端与胸平高，右（或左）臂伸直，手握于把的上端。

基本动作：挺胸，塌腰，手握把要平稳，把位积胸距离为一拳。

（2）滑把。一手握把端不动，另一手握把上下滑动。

基本动作：滑动要连贯均匀。

（3）换把。结合滑把动作，在滑动手接近固定手位，双手转换，滑动手握把成固定手位，固定手位变成滑动手位。

基本动作：换把手位时，要保持平稳，并随龙体轨迹运行。

2. 基本步形

（1）正步：两脚靠拢，脚尖对前方，重心在双脚上。

（2）丁字步：右（左）脚跟靠拢左（右）脚足弓处，脚尖方向同小八字步。

（3）虚丁步：（前点步）站丁字步，右（或左）脚顺脚尖方向伸出，绷脚点地，大腿外旋。

（4）虚步：站虚丁字步，左（或右）腿半蹲。

（5）弓箭步：右脚（或左脚）向前迈出，屈膝，小腿垂直，脚尖朝前，左腿（或右腿）挺直，脚尖稍内扣。重心在两腿中间，上身与右（或左）脚尖同一方向。

（6）横弓步：当弓步的上身左（或右）转与左（或右）脚尖同一方向。

（7）小八字步：两脚跟靠拢，脚尖分开，对左、右前角。

（8）大八字步：两脚跟间相距一脚半，其他同小八字步。

基本动作：步形要稳，弓步和虚步要到位。

3. 基本步法

（1）碾步。

①单碾步：预备姿势是脚站小八字步，手握把位成上举姿势，右脚以脚掌为轴，脚跟微提起，左脚以脚跟为轴，脚掌微提起，两脚同时向右旁碾动，由正小八字步碾成反小八字步，然后右脚以脚跟为轴，左脚以脚掌为轴，同时向右旁碾动，成正小八字步，依次反复进行。

②双碾步：预备姿势是站正步，以双脚跟为轴，双脚尖同时向右（或左）碾动，然后再以双脚尖为轴，双脚跟同时向右（或左）碾动，依次反复进行。

基本动作：重心在双脚上，必须同时碾动，膝放松，动作连贯，碾动时保持身体平稳。

（2）矮步：两腿半屈，勾脚尖迅速连续的以脚跟到脚尖滚动向前行进。每步大小约为本人的一个脚长。

基本动作：挺胸、塌腰、身型正直。身体重心要平稳，不要有上下起伏之状。落步时，由脚跟迅速过渡到全脚掌，并注意步幅大小。

（3）弧行步：双腿微屈，两脚迅速连续向前行进。每步的大小要略比肩宽，走弧形路线。眼睛要注视龙体。

基本动作：挺胸、塌腰，身体重心要保持平稳，并随龙体上下运行起伏行进。落步时，从脚跟迅速过渡到全脚掌，并注意方向开始转换、转腰的动作。

（4）圆场步：沿圆线行进，左脚上一步，脚跟靠在右脚尖前，脚跟先着地，再移至前脚掌，同时右脚跟提起。右脚做法同左脚，两脚动作保持在一条线上。

基本动作：上腿部分相互靠拢，膝微屈放松，快与慢走时都要求身体平稳。

4. 基本动作

舞龙运动的技术动作主要可分为五大类："8"字舞龙动作、游龙动作、穿腾动作、翻滚动作、组图造型类动作。每种类型动作又可根据完成的难易程度划分为 A 级难度动作、B 级难度动作、C 级难度动作。

（1）"8"字舞龙。舞龙者将龙在人体左右两侧交替作"8"字形环绕的舞龙动作，环绕舞龙动作的快与慢、原地与行进均可根据具体情况变化，套

路中以多种方法作 "8" 字舞动。舞动中要求龙体运动轨迹圆顺，人体造型姿态优美，快舞龙要突出速度和力度，每个动作左右舞龙各不少于 4 次。

A 级难度动作：原地 "8" 字舞龙、行进 "8" 字舞龙、跪地舞龙、套头舞龙、搁脚舞龙、扯旗舞龙、靠背舞龙等。

B 级难度动作：原地快速 "8" 字舞龙、行进快速 "8" 字舞龙、快步行进快舞龙、抱腰舞龙、穿身舞龙、双人换位舞龙等。

C 级难度动作：跳龙接一蹲一躺快舞龙、跳龙接摇船快舞龙、跳龙接直躺快舞龙、依次滚翻接单跪快舞龙、挂腰舞龙（两人一组）、K 式舞龙（3 人一组）、站式舞龙（两人一组）等。

（2）游龙。游龙指舞龙者在快速奔跑游走过程中，通过龙体快慢有致、高低、左右的起伏进行，展现婉转回旋，左右盘翻，屈伸绵延的动态舞龙特征。舞龙时要求龙体圆、曲、弧线规律运动，舞龙者随龙体协调起伏行进。

A 级难度动作：直线行进、曲线行进、走跑圆场、滑步行进、起伏行进、单侧起伏小圆场等。

B 级难度动作：快速曲线起伏行进、快速顺逆连续跑圆场、快速矮步跑圆场越障碍、快速跑斜圆场、骑肩双杆起伏行进等。

C 级难度动作：站肩平盘起伏、直线后倒、鲤鱼打挺接行进等。

（3）穿腾。穿腾包括穿越和腾越两种方式。指龙体动作线路呈交叉形式，龙珠、龙头、龙身各节依次从龙身下穿过称为 "穿越"。龙珠、龙头、龙身各节依次从龙身上越过称为 "腾越"。穿越和腾越时，要求龙形饱满，速度均匀，运动轨迹流畅；穿腾动作轻松利索，不踩龙体、不拖地、不停顿。

A 级难度动作：穿龙尾、越龙尾、首尾穿越龙肚等。

B 级难度动作：龙穿身、龙脱衣、龙戏尾、连续腾越行进、穿八五节等。

C 级难度动作：快速连续穿越行进（3 次以上）、连续穿越腾越行进（4 次以上）等。

（4）翻滚。翻滚指龙体作立圆或斜圆状连续运动，龙身运动到舞龙者脚下时，舞龙者迅速向上腾起依次跳过龙身的 "跳龙动作"；龙体同时或依次作 360。翻转，舞龙者利用各种滚翻等越过龙身的 "翻滚动作"。

A 级难度动作：龙翻身等。

B 级难度动作：快速逆向跳龙行进（两次以上）、快速连续螺旋行进

（两次以上）、大立圆螺旋行进（3次以上）等。

C级难度动作：快速连续斜盘跳龙（3次以上）、快速连续螺旋跳龙（4次以上）、快速连续螺旋跳龙磨盘（6次以上）、快速左右螺旋跳龙（左右各3次以上）、快速连续磨盘跳龙（3次以上）等。

（5）组图造型。组图造型指龙体在运动中组成活动图案和相对静止的龙体造型。活动图案的构图要清晰，静止龙体造型要形象逼真，换型要紧凑利索，以形传神，以形传意，龙体与龙珠配合要协调。

A级难度动作：龙门造型、塔盘造型、尾盘造型、曲线造型、龙出宫造型、蝴蝶盘花造型、组字造型、龙舟造型等。

B级难度动作：上肩高塔造型自转一周、龙尾高翘寻珠、追珠、首尾盘珠、龙翻身接滚翻成造型、单臂侧手翻接滚翻成造型等。

C级难度动作：大横8字花慢行进（成形4次以上）、坐肩后仰成平盘起伏旋转（一周以上）等。

5. 基本方法

（1）舞龙珠。持龙珠者，即为龙队指挥者，在鼓乐伴奏下，引导舞龙者完成龙的游、穿、腾、跃、翻、滚、戏、缠、组图造型等动作和成套动作，整个过程要生动、顺畅、协调。舞龙珠的目的是引导龙队出场，认清出场方向；了解比赛场地的大小，熟悉表演动作的方位，避免表演时出现方位不正或场地利用不充分；舞龙珠者必须熟悉本队套路中的各种队形的变化以及必要的场上应变能力。舞龙时要求双眼随时注视龙珠，并环视整队及周边环境的情况变化，与龙头保持协调配合，并与龙头保持1米左右的距离；同时，龙珠还应保持不停的旋转。

（2）舞龙头。持龙头者身材必须高大魁梧、有力。舞动时，龙头动作紧随着龙珠移动，龙嘴与龙珠相距1米左右，似吞吐之势，注意协调配合，应时时注意龙头不停的摆动，展现出龙的生气与活力、威武环视之势。舞龙头的目的是在龙珠引导下，紧随其后移动，从而带动龙身的摆动；龙头左右摆动时，一定要以嘴领先，显示追珠之势。要求龙头替换时，不能影响动作的发挥；因龙头体积较大，在左右摆动时不得碰擦龙身或舞龙者；与龙珠始终保持1米左右的距离。

（3）舞龙身。舞龙身者，必须随时与前后保持一定的距离，眼观四方紧跟前者，走定位，空中换手时尽量将龙身抬高，甚至可跳起；舞低时，尽量放低，但千万别将龙身触地，在高低左右舞动中，龙翻腾之势即展现其中；还必须随时保持龙身蠕动，造成生龙活虎之势。在跳与穿的动作中，应特别注意柄的握法，柄下端不可多出，以免刮伤别人。龙身在左右舞动时，龙身运动轨迹要圆滑、顺畅；龙身不可触地、脱节；龙体不可出现不合理的打结。

（4）舞龙尾。持龙尾者，身材需轻巧、速度快，龙尾也是主要部位，因为龙尾时常有翻身的动作，龙尾舞动时翻尾要轻巧生动、不拖泥带水，否则容易使龙尾触地，造成器材的损坏，而且会让人感到呆板。龙尾也是时时成为带头者，因为有些动作必须龙尾引首，明确精练的头脑亦为必备的条件，龙尾亦是整条龙舞动弧度大小的控制者，持龙尾在穿和跳的动作里，更直注意尾部，勿被碰撞或碰撞别人，最重要的是随时保持龙身的摆动。舞龙尾的目的是随着龙身的带动，龙尾时刻摆动着，体现出龙的轻巧生动。龙尾舞动时，要求不能触地；龙尾在舞动过程中始终保持左右的晃动；并控制左右舞动弧度的大小。

（三）舞龙传承及现代发展的策略

1. 扩大受众范围是先导

在发展初期营造声势，有效扩大影响范围。充分利用一切传播手段如大众传媒、报纸、新媒体等，使中华武龙信息深入受众信息接触的各种途径，促进受众认识、了解并最终喜爱中华武龙这个项目，成为健身、养生的主要手段，让受众对其产生浓厚的兴趣。

2. 完善自身是基础

"打铁还需自身硬"，加强中华武龙自身理论和技术的创新，满足受众差异化需求，扩大中华武龙受众人群。根据各层次受众群体的需求变化，以及中华武龙向大、中、小学生和中老年人的需要创新技术，使中华武龙技术更加多元化适应现代生活多元化需求，不仅要创新武术套路的"花架子"，又要保持武术套路的攻防技击性为主的本质特征。

3. 培养师资是关键

加强培训和基地建设，不定期的对大、中、小学体育教师进行中华武龙的培训。中国优秀传统文化的继承与创新是当代中国最重要的时代任务，我们要积极思考、探索、践行中华武龙项目推广到大、中、小学和社会以及国际化的任务，而这个任务就压在了中华武龙师资力量上。

4. 学校、政府重视是保证

政府、国家体委、学校应该给予一定的重视和支持，特别是资金和政策上的支持，给予中华武龙项目认可和保障。

二、舞狮文化及其现代发展

舞狮，是我国优秀的民间艺术，每逢元宵佳节或集会庆典，民间都以狮舞前来助兴。这一习俗起源于三国时期，南北朝时开始流行，至今已有一千多年的历史。据传说，它最早是从西域传入的，狮子是文殊菩萨的坐骑，随着佛教传入中国，舞狮子的活动也进入中国。狮子是汉武帝派张骞出使西域后，和孔雀等一同带回的贡品。而狮舞的技艺却是引自西凉的"假面戏"，也有人认为狮舞是五世纪时产生于军队，后来传入民间的。两种说法都各有依据，今天已很难判断其是非。不过，唐代时狮舞已成为盛行于宫廷、军旅、民间的一项活动。唐段安节《乐府杂寻》中说："戏有五方狮子，高丈余，各衣五色，每一狮子，有十二人，戴红抹额，衣画衣，执红拂子，谓之狮子郎，舞太平乐曲。"诗人白居易《西凉伎》诗中对此有生动的描绘："西凉伎，西凉伎，假面胡人假狮子。刻木为头丝作尾，金镀眼睛银帖齿。奋迅毛衣摆双耳，如从流沙来万里。"诗中描述的是当时舞狮的情景。

在一千多年的发展历程中，狮舞形成了南北两种表演风格。北派狮舞以表演"武狮"为主，即魏武帝钦定的北魏"瑞狮"。小狮一人舞，大狮由双人舞，一人站立舞狮头，另一人弯腰舞狮身和狮尾。舞狮人全身披包狮被，下穿和狮身相同毛色的绿狮裤和金爪蹄靴，人们无法辨认舞狮人的形体，它的外形和真狮极为相似。引狮人以古代武士装扮，手握旋转绣球，配以京锣、鼓钹、逗引瑞狮。狮子在"狮子郎"的引导下，表演腾翻、扑跌、跳跃、登高、朝拜等技巧，并有走梅花桩、窜桌子、踩滚球等高难度动作。南派狮舞以表演"文狮"为主，表演时讲究表情，有搔痒、抖毛、舔毛等动作，惟妙惟肖，逗人喜爱，也有难度较大的吐球等技巧。

南狮以广东为中心，风行于港澳、东南亚侨乡。南狮虽也是双人舞，但舞狮人下穿灯笼裤，上面仅仅披着一块彩色的狮被而舞。和北狮不同的是，"狮子郎"头戴大头佛面具，身穿长袍，腰束彩带，手握葵扇而逗引狮子，以此舞出各种优美的招式，动作滑稽风趣。南狮流派众多，有清远、英德的"鸡公狮",广州、佛山的"大头狮",高鹤、中山的"鸭嘴狮",东莞的"麒麟狮"等。南狮除外形不同外,尚有性格不同。白须狮舞法幅度不宽、花色品种不多,但沉着刚健,威严有力,民间称为"刘备狮"。黑须红面狮,人称"关公狮",舞姿勇猛而雄伟,气概非凡。灰白胡须狮,动作粗犷好战,俗称"张飞狮"。狮子为百兽之尊,形象雄伟俊武,给人以威严、勇猛之感。古人将它当作勇敢和力量的象征,认为它能驱邪镇妖、保佑人畜平安。所以人们逐渐形成了在元宵节及其他重大活动里舞狮子的习俗,以祈望生活吉祥如意,事事平安。

舞狮表演要求舞狮者具有灵活的步伐,矫健的身法和成熟的技巧,以及手法、身法、步法的协调性,才能完成翻滚、扑跌、跳跃、翻腾以及滚绣球、过跳板等各种难度动作,舞狮运动不仅能提高力量、速度、耐力和灵活度,而且能培养练习者勇敢顽强的精神和坚韧不拔的意志品质。

（一）舞狮文化的分类、特征及价值分析

1. 舞狮的分类

舞狮在长期的发展过程中逐渐形成了各种不同的风格和流派,按地域大体上可分"南狮"和"北狮"两个大类前文已有详细介绍,在此不再赘述,按表演动作,又可分为"文狮"和"武狮"。

文狮主要显示出狮子活泼可爱的神态和嬉戏玩耍的性格,主要表演狮子搔痒、舔毛、打滚、钻穴、抖毛等温驯动作。有的文狮还带一只小狮子,大、小狮子相依相偎,母狮表演对幼狮温柔体贴的动作,而幼狮则模仿大狮的动作,天真而又诙谐,使舞狮场面中增添浓郁的情趣。

武狮则主要显示狮子的威猛勇武习性,主要表演狮子踩球、扑球、滚球、含球、吐球、腾云、采青等强烈动作。在舞动时,有的只有一两个人,显得单纯活泼,有的则三人交叉或是群狮舞动,显得威武壮观。如湖南湘西苗族聚居的矮寨镇的"百狮会",在每年正月新春时举行。一匹匹披挂齐整的金狮,踏着锣鼓的点子,在舞狮场上欢腾,竞相献艺。最精彩的是"狮子爬桌",36张大方桌,宝塔般地高高叠起,在引狮人的逗引下,狮子跳上高桌,时而抖鬃腾越,时而掠过桌面,顶层上,是一张倒置的方桌,登上顶层,狮子便在一寸见方的桌脚上表演出令人咋舌的绝技。

2. 舞狮的特征

舞狮运动是一种强调集体配合的具有鲜明的民族特色的体育运动。它在进行过程中伴随着鼓乐的伴奏，风格独特，竞技性强。在漫长的发展过程中，形成了自己诸多的特征。

（1）历史性。舞狮是一种具有历史性的运动。从舞狮的起源及发展来看，舞狮在我国具有非常悠久的历史。它始终随着社会的变迁和时代的演进而不断发展，历代相传，鼎盛不衰。目前，在世界范围内凡有华人聚集的地方几乎都有舞狮活动，而且，不仅华人爱好舞狮，外国友人也喜欢，舞狮队伍正在不断壮大。

（2）民族性。我国舞狮自问世以来，之所以一直深受各族人民的喜爱，是因为它具有显著的民族特色。它与人们的生活息息相关，是历代劳动人民对自己的宗教信仰、民族文化、风俗习惯的一种表达形式。举例来说，如土家人舞土狮，据当地人相传，土狮是土王的哈巴狗，土家人每年春节总要舞上一回，每次都要舞到各家堂中，其目的是为各家各户驱邪消灾，祈祷人寿年丰；再如，湖南的祁东狮，据传早在明代洪武年间，祁东民间就通过舞狮庆新春，纳吉祥，驱邪恶；还有灵狮，它的表演具有浓厚的宗教色彩，人们视灵狮为"狮神"的象征，灵狮来到各家各户时，正堂上要设香置烛，摆三牲果品，鞭炮迎送，灵狮进门，要洒酒于狮头之上，这时狮王则赐符于主户，据说有了这道符，主户一年之内无灾无病，吉祥平安。此类事例，不胜枚举。众所周知，我国地域辽阔，民族众多，因而各地的舞狮也不尽相同，其形式繁多，分类多样，无法避免的融合了各个民族的文化。舞狮，在我国源远流长，是各民族独具特色的文化为它注入了生命力，它带有浓郁的乡土气息，在民间千古流传。

（3）传统性。舞狮是一种具有传统性的运动。舞狮的传承过程与人们的文化思想、生活方式有着紧密的联系。人们运用舞狮来表达思想意愿，并将传统的思想文化注入到舞狮活动中，因此，舞狮体现了民族的传统性特征，这种特征在各种舞狮习俗中随处可见。比如，无论南狮还是北狮，凡新开设武馆与新购买狮头，必定要进行开光点睛的仪式，人们认为，新狮子经过开光点睛后，才会有灵气，能驱邪、除疾患、趋吉避凶；再如，舞狮表演中所设置的蛇阵、八卦阵、梅花桩笔等各种"桩阵"，如何进出、破阵都有规定；另外，如起舞程序、起舞礼俗、参神及路经武馆的规矩、入庙和入屋及退出的规矩、会狮及龙狮会自礼仪、舞狮迎宾方式、狮头换人时退出的规矩等，都有约定俗成。舞狮的传统性在这些传统的舞狮习俗中得到了淋漓尽致的体现。

(4) 文化性。舞狮是一种具有文化性的运动。舞狮是中华民族文化的重要组成部分。它在漫长的发展进程中，始终根植于我们传统社会的文化土壤之中。无论是舞狮的器材制作、表现形式，还是动作编排、表演手法都无不蕴含着我国民族传统文化气息，许多流传的典故、神话、传说都是它的素材，可谓理深意丰，它反映了人们对除暴安良、驱邪镇灾、吉祥瑞意的敬意和渴望。拿舞狮的颜色来说，舞狮的颜色一般以黄、红、黑三色为主，分别代表三国的刘、关、张，他们的忠、义、仁、勇素为民族的典范，用三种颜色代表他们，即表示对他们的崇敬及对其正义精神的赞赏；狮子的鬃和眉也有黑、白之分，白鬃白眉的狮子，表示领导舞狮队的是一种德高望重的前辈，或系一门一派的长者，而黑鬃黑眉则代表年轻力壮，领导舞狮队的是一位年轻师傅；另有一种狮子整个头部皆为白色，即白面狮，代表白面书生；近年来还演变有彩狮、金狮等等，其颜色五彩缤纷，金光闪闪，鲜艳美丽，增添了舞狮的观赏性。可见，我国舞狮与各民族的文化有着千丝万缕的联系，具有明显的文化性特征。观赏参与舞狮运动，是体验中国文化的一种途径。

(5) 竞技性。舞狮运动是一种具有竞技性的运动。竞技性体现了一切体育运动的精髓与魅力。舞狮富于表演性和观赏性，但同时还具有较强的竞技性。舞狮的竞技性直到近代才凸显出来，在古代，和许多传统体育项目一样，舞狮的竞技性受到了压抑，重在表演以供人欣赏。从技术上来讲，舞狮的外形设计、道具制作、鼓乐选择、动作编排都有学问，而对于难度较大的"采青"动作以及狮子形象和神态的表演，更是需要下一番苦功，方能领略其中奥妙。1949 年前我国的舞狮团体大多散见于各地的武术馆校，以个体为主，门派繁多，每逢重大活动都踊跃参加，为争获得荣誉，有时还会演变成一场武斗，竞争之激烈可见一斑。近年来，随着"国际龙狮总会""中国龙狮协会"的相继成立，以及竞赛规则的制定，舞狮已由民间艺术活动变成了一种正式的竞技体育项目。舞狮比赛分为南狮和北狮两组，由运动员演练其事先编排好的套路，由裁判员对舞狮队的狮艺、动作表现力、难度动作及鼓乐进行综合评定后给予成绩。我们要充分认识并强化舞狮运动的竞技性，只有正确认识舞狮运动的竞技性特征，才能更好地将舞狮运动发扬光大。

3. 舞狮的价值

舞狮运动具有如此多的特征，体现了舞狮运动的社会价值。

（1）健身娱乐价值。舞狮运动具有非常高的健身娱乐价值。舞狮是一种综合性的体育运动，集合了包括武术、舞蹈、音乐在内的诸多因素。舞狮通过鼓乐将武术和舞蹈有机结合起来，在变化多端的节奏中完成各种造型和表演动作，"鼓乐激昂雄狮起舞"，这对表演者来说，是一种极好的身体和精神的双重锻炼，对于观赏者也不失为一种健康休闲、调节身心的方式。舞狮比赛和表演，精彩激烈，气势不凡，充满吉祥欢乐，为节日平添几分喜庆，给生活增添几分情趣，因此，舞狮具有很强的健身、娱乐性。在现代都市，它是一道充满浓郁民俗风情的独特景观，而在农村，它更是庆祝丰收及其他各种喜庆活动不可多得的保留节目。舞狮的健身娱乐价值使舞狮运动受到了人们的欢迎和喜爱，人们广泛参与到舞狮运动中来，使舞狮运动经久不衰。

（2）教育价值。舞狮运动具有非常高的教育价值。舞狮作为传统体育中的一项内容，它的产生和发展与中华民族的传统文化一脉相承，它是社会风俗的典型体现。其文化内涵，既与民族思维方式有关，又与特定的文化氛围有直接的联系。因此，从事舞狮活动能增进对本民族文化更加直观和深入的了解，激发起民族的自强和自豪感，同时，欢庆吉祥、颇有难度的舞狮表演，也是一种热爱生活的教育，培养积极进取、勇于竞争的精神。通过舞狮运动，人们可以了解中华民族灿烂的文化，培养积极向上的生活态度，从而增强民族凝聚力。

（3）表演价值。舞狮运动具有非常高的表演价值。长久以来，舞狮都是以表演形式而存在，以其鲜明的表演性而为人们所珍视。它利用人体多种姿态，在动态行进和静态造型中将力度、幅度、速度、耐力等揉合了舞狮技巧，完成各种高难动作的。舞狮的套路编排内容丰富、构思巧妙、结构新颖、风格别致。舞狮的各种技巧难度、创新动作借助器械和音乐，表达了山、岭、岩、谷、溪、涧、水、桥、洞等意境，诠释了喜、怒、哀、乐、动、静、惊、疑、吼、寻、盼、欢等神情，展现了翻、滚、卧、闪、腾、扑、跃、戏、跳等动作，在或静或动中，表现了狮子的优美神情，展现了狮子的精气神韵。例如，南狮表演时的形象表现，要将狮子出洞时的慵懒动作、探洞时的多疑性格、登山时的昂首阔步、过桥瞧见水中倒影时的骤然愤怒、戏水时的欢呼情绪、采食灵芝时的思疑贪馋、吞食时的回味、呕吐时的颓丧、月夜吐球时的谨慎、戏球时的乐趣等形态生动传神地表现出来，真可谓细致入微。可见，舞狮运动动作复杂多变，含义丰富深刻，有着宽广的表演空间，对艺人们的表演技巧有着相当高的要求，具有非常高的表演价值。

（4）竞赛价值。舞狮运动具有非常高的竞赛价值。近代以来，随着舞狮运动向竞赛运动的演变，舞狮的竞赛价值显现出来。舞狮的竞技性和表演性分不开。与其他传统体育项目一样，舞狮的发展也离不开比赛，比赛加速了各具地方特色的流派的形成，同时也促进了各项技艺的提高，它也是我国舞狮发展的重要手段和途径。为进一步推动舞狮运动的开展，国家体育总局统一组织全国性比赛，现在每年都有全国舞狮锦标赛及各种精英赛，并已正式成为农民运动会的比赛项目。舞狮的竞赛价值因舞狮运动的竞赛化而形成，并将随着其竞技性的强化而得到充分的发挥。

（二）舞狮基本动作和方法

1. 狮头与狮尾的基本握法

（1）狮头握法。

①单阴手：单手握狮头，手背朝上，大拇指托狮舌，其余四指握在狮舌上方。

②单阳手：动作与单阴手相反，手心朝上。

③双阴手：动作与单阴手相同，两手握于狮舌两侧头角处。

④双阳手：握法与双阴手相反，握的部位相同。另外，根据要表演狮子神态的需要还有开口式、闭口式等握法。

（2）狮尾握法。

①双手扶位：舞狮尾双手虎口朝上，大拇指插入狮头腰带，四指并拢握住扶拉狮头队员腰带。

②单手扶位：舞狮尾者单手扶拉狮头队员腰带，另一只手扶拉狮被。

③脱手扶位：舞狮尾双手松开狮头队员腰带，扶拉狮被两侧下摆。

2. 狮头基本手法

（1）点。舞狮头者双手扶头圈，身体向右侧回旋，与地面形成45°角，左右手的运动路线为上下交替运动，左、右侧动作相同，但方向相反。

（2）叼。舞狮头者一只手扶头圈，另一只手用小臂托头圈，手伸至狮嘴中央位置取绣球。

（3）摇。双手扶头圈，双手交替向前、向上、向后、向下做回旋动作。手的运动路线成立圆。

（4）摆。舞狮头者双手扶头圈，上左步时狮头摆至左侧，重心位于左腿上；行走时右侧动作与左侧动作相同，但方向相反。

（5）错。舞狮头者双手扶头圈，然后双手拉至狮头向右侧做预摆动作，右手与右腰侧同时腰、臂齐发力，摆至于身体左侧，呈半马步姿势，重心位于右腿上。右侧动作与左侧动作相同，但方向相反。

3. 舞狮基本步法

（1）颠步。狮头、狮尾队员按顺（或逆）时针方向跳步行进，狮头队员迈左脚时，狮尾队员迈右脚，步法要保持协调一致。

注意事项：狮头与狮尾协调配合。

（2）盖步。狮头队员向右盖步，左脚经右脚前先向右跳扣步，同时右脚向右跳半步亮相，狮头队员与狮尾队员的动作相同；向左盖步，动作相同但方向相反。

注意事项：狮头与狮尾起跳动作要协调一致，同时到位。

（3）错步。狮头狮尾队员同时向身后45°斜后方向先左脚后右脚同时退步。

注意事项：转体和转头动作要与退步动作协调一致。

（4）行步。狮头、狮尾队员重心微蹲，迈步时狮头队员先迈左脚，狮尾队员同时迈右脚，节奏一致。

注意事项：重心应保持平稳状态，不可上下起伏。

（5）碎步。狮头、狮尾队员同时向左（或右）小步平移，节奏快速、一致。

注意事项：移步步幅要小、密、节奏快；狮头与狮尾要协调配合。

（6）跑步。要求同行步相同，节奏要快。

4. 引狮员的基本动作

（1）静态动作。静态动作，是指引狮员静止的造型动作，如弓步抱球、马步探球、仆步戏球等。

①弓步抱球：并步上举引狮球，左脚（或右脚）向左（或右）迈出一步，左脚（或右脚）屈膝，大腿接近水平，右脚（或左脚）挺膝伸直，脚尖稍内扣，上体稍向右转，两手（或单手）托住引狮球于身体左（或右侧）

侧，稍高于头。目视前方。

注意事项：挺胸、直腰。弓步抱球造型与转头亮相同时完成，协调一致。

②马步探球：并步上举引狮球，左脚（或右脚）向左前方（或右前方）迈出成半马步状，左手（或右手）拿引狮球向左、向下、向右抡臂至左侧，手腕做小绕环动作，右手（或左手）做相应的配合动作，目视引狮球。

注意事项：半马步大腿接近水平，挺胸、塌腰、沉髋。

③仆步戏球：并步上举引狮球，左脚（或右脚）向左侧（或右侧）迈出成左仆步状（或右仆步），右手（或左手）拿引狮球向下、向右划弧至右侧，手腕做小绕环动作，左手（或右手）做相应的配合动作，目视引狮球。

注意事项：仆步要求挺胸、塌腰、沉髋。

（2）动态动作。指引狮员行进间动作或跳跃动作。如踺子、圆场步、旋风脚等。

①踺子：在经过助跑、趋步动作后，上体侧转前压，两手体前依次撑地，随即两腿依次向后上蹬、摆。经倒立部位后，推地，并腿后踹。当前脚掌蹬地后，急速带臂，梗头向外转体90°跳起。下落接弓步按掌动作。

注意事项：a. 两脚摆动经过倒立部位后，用力推地，两腿快速向后下压，使身体与地面呈45°～55°的夹角。b. 跳起时做急速立腰，并梗头、含胸、提气动作，两臂配合向前上方带。

②圆场步：两腿略屈，两脚迅速连续向侧前方行步。每步大小要略比肩宽，走弧形路线。目视引狮球。最后接弓步亮球定式。

注意事项：挺胸、踏腰，保持半蹲姿势，身体重心要平稳，不要有起伏现象。落地时，由脚跟迅速过度到全脚掌，并注意转腰。

③旋风脚：左脚向左上步，同时左手向前和向上摆动，右臂伸直向后、向下摆动。右腿随即上步，脚尖内扣，准备做蹬地踏跳的动作。左臂向下摆动并屈肘收至右胸前，同时左臂向上、向前抡摆，上体向左转前俯中心右移，右腿屈膝蹲地跳起，左腿提起向左上方摆体旋转一周右腿做里合腿，左手在面前迎击右掌，左腿自然下垂。下落接弓步探球动作。

注意事项：a. 右腿做里合腿动作时，要贴近身体。摆动时，膝挺直由外向里成扇形。b. 击响点要靠近面前。左腿外摆要舒展，并在击响的一刹间离地腾空。初学者在练习时，左腿可自然下垂。当能够较熟练的完成腾空动作时，左腿逐渐做高摆，屈膝或直腿收控于身体的左侧。c. 抡臂、踏跳、转体、里合右腿等动作环节要协调一致。身体的旋转角度不少于270°。

（三）舞狮传承及现代发展的策略

（1）注重培养校园舞龙舞狮运动传承人，开发学校舞龙舞狮运动，多培养舞龙舞狮运动教练，加快校园舞龙舞狮课程建设，提高高校舞龙舞狮运动队的专业水平，设立运动员等级评比。

（2）政府应该以全民健身为依托，努力做好宣传工作，充分运用新闻媒体、社会舆论，加强对舞龙舞狮运动与社会的进步和发展相互关系的宣传，以强化社会各界人士对弘扬民族传统文化，发展传统体育的意识。

（3）申请舞龙舞狮运动成为全运会比赛项目，以此来推动舞龙舞狮运动的发展和传承。深入挖掘整理舞龙舞狮运动，对地方特色舞龙舞狮运动文化进行大力支持，打造舞龙舞狮运动文化品牌，促进舞龙舞狮运动国际化。

参考文献

［1］曾伟．体育科学与运动文化［M］．北京：中国书籍出版社有限公司，2018.

［2］曾于久，刘星亮．民族传统体育概论［M］．北京：人民体育出版社，2000.

［3］陈丽珠．民族体育文化概论［M］．北京：中央民族大学出版社，2015.

［4］符传铭，赵倩倩．民族传统体育发展与传播［M］．长春：吉林人民出版社，2021.

［5］郭小晶，张俊霞，张冰．高校民族传统体育课程教学与实践研究［M］．北京：中国时代经济出版社，2013.

［6］郭燕．新媒体时代体育文化建设研究［M］．延吉：延边大学出版社，2021.

［7］海梦楠．民族体育与文化产业融合发展［M］．长春：吉林人民出版社，2020.

［8］胡磊，王美娟，童世敏．新时代民族传统体育文化的内涵定位、价值取向与发展策略［J］．体育文化导刊，2021（2）：63-69.

［9］霍红．西部少数民族传统体育的现状与走向［M］．成都：四川大学出版社，2007.

［10］李繁荣．民族传统体育文化及其传承研究［M］．济南：山东大学出版社，2014.

［11］李鸿江．中国民族体育导论［M］．北京：中国书籍出版社，2000.

［12］李永明，吴志坤．传统体育［M］．北京：中国中医药出版社，2016.

［13］梁华伟．基于全民健身的民族传统体育项目研究［M］．长春：吉林人民出版社，2018.

［14］刘少英．民族传统体育学［M］．北京：民族出版社，2011.

［15］刘世海．民族传统体育教学与推广研究［M］．北京：光明日报出版社，2015.

［16］倪依克．民族传统体育学学科理论体系的研究［J］．体育科技文献通报，2006（7）：83-84.

［17］沈竹雅．大学生体育运动与体育文化研究［M］．长春：吉林出版集团股份有限公司，2020.

［18］石丽华，吕涛．我国民族传统体育文化传承与发展研究［M］．太原：山西经济出版社，2020.

［19］孙秋燕．民族传统体育学科体系的建构探讨［J］．文体用品与科技，2019（6）：72-73.

［20］田祖国．国家文化软实力与民族传统体育发展的制度保障研究［M］．北京：民族出版社，2016.

［21］王海军．民族传统体育文化的传承发展与保护研究［M］．长春：东北师范大学出版社，2017.

［22］王红芳，陈永辉．体育强国建设下我国民族传统体育传承体系建设研究［J］．搏击（武术科学），2013，10（11）：76-79.

［23］王昕光，赵云鹏，吴伟．传统体育文化研究［M］．太原：山西经济出版社，2021.

［24］王珍．文化强国建设下我国民族传统体育传承体系建设研究［J］．文史博览（理论），2014（5）：66-68.

［25］文智，曹厚文，潘正坤．新常态下民族传统体育发展与文化传承［M］．北京：九州出版社，2016.

［26］西绍英．浅谈体育精神文化的内涵与价值［J］．体育风尚，2021（1）：209-210.

［27］向政．民族传统体育文化审视与实践指导［M］．北京：光明日报出版社，2016.

［28］谢明川．民族传统体育文化的继承保护与创新发展研究［M］．北京：中国纺织出版社有限公司，2020.

［29］徐伟．大学校园体育物质文化育人功能实现的路径分析［J］．湖北体育科技，2016，35（5）：450-453.

［30］薛锋，谢智学，姚重军．民族传统体育概论［M］．北京：民族出版社，2013．

［31］薛文忠．民族传统体育文化与研究生体育健康教育研究［M］．长春：吉林大学出版社，2017．

［32］杨创．论我国民族传统体育学科体系的建构［J］．当代体育科技，2018，8（34）：171-172．

［33］杨志林．满族传统体育文化体系的构建和保护［J］．吉林化工学院学报，2017，34（12）：68-70．

［34］叶伟，徐伟军．试论我国民族传统体育学科体系的建构［J］．中国学校体育（高等教育），2014，1（5）：59-62．

［35］于炳德．高校民族传统体育教学改革［M］．哈尔滨：哈尔滨出版社，2021．

［36］张成久．小学体育教学制度与文化创建的联系［J］．学周刊，2016（3）：126-127．

［37］张丰．非遗保护视角下民族传统体育文化的传承与发展研究［M］．长春：吉林大学出版社有限责任公司，2022．

［38］张俊伟，刘万武，等．我国名族传统体育运动项目的现状与发展［M］．长春：吉林人民出版社，2013．

［39］张丽．我国民族传统体育文化的传播与发展研究［M］．长春：吉林出版集团股份有限公司，2021．

［40］张有平．民族传统体育项目学练技巧研究［M］．北京：中国商务出版社，2010．

［41］朱荣军．民族传统体育发展与实践研究［M］．北京：北京工业大学出版社，2019．